五行结构论

闻晨植 著

学林出版社

目 录

序一 花开自在 本真生活 ································ 林 紫 1
序二 与智慧相伴 ·· 戴 洁 1
序三 五行实践者 ·· 葛基中 1
前言 ·· 1

上篇 理论篇

第一章 太极 阴阳 五行 ································ 3
第一节 太极 阴阳 ······································ 3
一、太极 ··· 3
二、阴阳 ··· 4
三、五行学文化 ·································· 5
第二节 五行 ·· 7
一、五行生克 ······································ 7
二、五行生克论 ·································· 7
三、五行与太极、阴阳 ······················ 8
四、五行对应表 ·································· 9
五、五行情志论 ································ 10
六、"五行亢悔理论"（古代先贤的口诀）·· 11

第二章 天干 地支 ·· 13
第一节 十天干 ·· 13
一、天干特性 ···································· 13

二、天干类象（参考） ································ 14
　　三、天干五合 ······································ 17
　　四、天干五行合化论 ································ 17
　　五、天干五合情感论 ································ 18
　　六、天干相冲 ······································ 21
　　七、阴阳五行矛盾论 ································ 21
第二节　十天干生旺死绝表 ································ 23
第三节　十二地支 ······································ 25
　　一、十二地支修养论 ································ 25
　　二、地支与十二属相（生肖）的对应关系 ·············· 28
　　三、地支与月份、时辰的对应关系 ···················· 28
　　四、地支与方位的对应关系 ·························· 28
　　五、地支六气 ······································ 29
　　六、地支藏干和本气 ································ 29
　　七、地支类象（收集摘录，供参考） ·················· 30
第四节　天干与地支的关系 ································ 34
　　一、禄 ·· 34
　　二、羊刃（阳刃） ·································· 34
　　三、墓库 ·· 35
第五节　地支的六合　六冲 ································ 35
　　一、地支六合 ······································ 35
　　二、地支六合论 ···································· 36
　　三、地支六冲 ······································ 37
　　四、冲战论 ·· 37
第六节　地支的三合　三会 ································ 38
　　一、地支三合 ······································ 38
　　二、三人同心可以建国 ······························ 39
　　三、将星论 ·· 39
　　四、地支三会 ······································ 40

第七节　害刑 ································ 41
一、地支六害（穿） ···················· 41
二、穿害论 ································ 41
三、地支三刑 ···························· 43
四、子卯刑 ································ 45
五、自刑 ···································· 45
六、反吟　伏吟 ························ 45

第八节　地支暗合　破 ················ 46
一、地支暗合 ···························· 46
二、暗合论 ································ 46
三、地支之破 ···························· 47
四、地支同宫 ···························· 47

第三章　时间局 ······························ 49
第一节　时间局构架 ····················· 49
一、时间局的定义 ···················· 49
二、时间局的表达格式 ············ 49
三、时间局表达的主要内容 ···· 50
四、局中的我和局外的我 ········ 50

第二节　时间局的专业知识 ········· 51
一、二十四节气 ························ 51
二、旺衰　平衡 ························ 55
三、主客　虚实 ························ 56
四、内外　远近 ························ 58
五、顺逆　显隐 ························ 59
六、燥湿　调候 ························ 60

第四章　空间局 ······························ 62
第一节　空间局构架 ····················· 62
一、空间局定义 ························ 62
二、空间局的理解 ···················· 62

第二节　空间局的专业知识 …… 63
　一、方向　位置 …… 63
　二、八天干　四维 …… 65
　三、旺衰　平衡 …… 65
　四、主客　虚实 …… 66
　五、内外　远近 …… 66
　六、顺逆　显隐 …… 66
　七、有情　无情 …… 67

第五章　十神六亲 …… 68
　一、十神六亲定义 …… 68
　二、十神的相生相克 …… 71
　三、十神六亲的理解 …… 72
　四、十神六亲解读家庭、人际关系 …… 76
　五、十神六亲类象简表 …… 80
　六、十神六亲的宫位 …… 81
　七、相生与相分 …… 81
　八、六亲错位 …… 82

第六章　古代阴阳历法的计算方法 …… 85
第一节　时间局的编排 …… 85
　一、年柱的编排 …… 85
　二、月柱的编排 …… 85
　三、日柱的编排 …… 86
　四、时柱的编排 …… 88

第二节　时间局的大运、流年的编排 …… 89
　一、时间局大运的编排 …… 89
　二、时间局大运起运数 …… 90
　三、时间局流年 …… 90
　四、空间局大运 …… 91
　五、空间局流年 …… 92

第三节　时间局、大运、流年的关系 …………………… 92
　　　一、基于逻辑阐述的时间局、大运、流年的关系 ………… 92
　　　二、基于想象阐述的时间局、大运、流年的关系 ………… 94
　　　三、应期 ………………………………………………… 94

第七章　六十甲子　空亡 ……………………………………… 96

第八章　姓名分析 ……………………………………………… 99
　　　一、姓名分析的构架 …………………………………… 99
　　　二、姓名的个别分析 …………………………………… 100
　　　三、姓名的组合分析 …………………………………… 101

第九章　五行学口诀 …………………………………………… 103
　　　一、法无定法、法外无法 ……………………………… 103
　　　二、向实求虚、心有定无 ……………………………… 103
　　　三、阳以顺取、阴可逆行 ……………………………… 103
　　　四、大运、流年 ………………………………………… 103
　　　五、强弱、平衡 ………………………………………… 104
　　　六、年、月、日、时 …………………………………… 104
　　　七、五行结构 …………………………………………… 104
　　　八、论吉凶 ……………………………………………… 104
　　　九、论地支关系 ………………………………………… 104
　　　十、论天干关系 ………………………………………… 104
　　　十一、十二长生宫 ……………………………………… 105
　　　十二、合化 ……………………………………………… 105
　　　十三、五行之数 ………………………………………… 105

第十章　"晨植五行技法" ……………………………………… 106
　　　一、"晨植五行技法"心法 ……………………………… 106
　　　二、"晨植五行技法"的咨询特点 ……………………… 107
　　　三、"晨植五行技法"——"兰花拂穴法" ……………… 107
　　　四、论性格 ……………………………………………… 108
　　　五、论读书 ……………………………………………… 109

六、论婚恋 …………………………………………… 109
七、论工作 …………………………………………… 110
八、论健康 …………………………………………… 111
九、论纠纷 …………………………………………… 112
十、论人事 …………………………………………… 113
十一、论投资 ………………………………………… 113
十二、论爱好 ………………………………………… 113

下　篇

五行学对答录 …………………………………… 117

后记 ………………………………………………… 165
附录　学生感言 …………………………………… 166

序一　花开自在　本真生活

林　紫[①]

接到闻老师的邀请，为他的心血之作作序，略感不安而又甚是欣然。

不安的是，在他的学问面前，我是个外行，不敢多言；欣然的是，在生命面前，我们是同道同修，所思所想常常能碰撞出一些奇妙的火花，与大家分享。

我研究心理学，闻老师研究五行学，乍一看似乎毫不相干，但其实彼此有着深厚的关联——

心理学让我们看见生命的更多可能性；而五行学，则让我们看见生命的更多必然性。可能性让我们活得更有自信；必然性则让我们学会保持敬畏之心，更加尊重和接纳生命中的每一份际遇。

心理学研究的终极目标是希望人们生活得更好；而五行学的研究，在闻老师这里，我听到了同样的答案。于是我们生起了一个共同的心念——在我们的有生之年，或许可以一起通过研究和讲学，将两者很好地结合，让更多人自信而通透地享受生命与生活。

正如闻老师所说："五行学不是生活本身，生活的本真是生活本身。"生活的本真是什么？我们每个人其实都是这个问题的解答者。读闻老师的书，可以使你多一个通道来解读生命和生活，而如果有缘与他

[①]　林紫心理机构创始人、专栏作家、企业员工心理管理 EAP 专家。

相识的话,你会发现:这位思想比文字更精彩的学者,本身便"本真"地生活着。

愿每一位读者都能与闻老师一起:花开自在,本真生活。

2012 年 4 月 8 日
于成都差旅中

序二 与智慧相伴

戴 洁[①]

在国内,我有将近二十年教书育人的经历,自知不是天资聪颖的人,所以这些年来用勤补拙,不断地上各种课程,还嗜书如命。直到与阴阳五行相遇,才明白这些年所学习、所经历的,中国的老祖宗在五行学中早已阐明得清清楚楚啦。

我们可以找到很多《易经》方面的书,但找到既专业又通俗的五行方面的书可真不容易,读到此书的您真是和五行缘分不浅呐!

宇宙当中的万物都有其运行的规律,当我们诞生的那个时空,我们已形成了和宇宙之间的关系,我们有了独特的生命河流;当我们起心动念的刹那,宇宙以我们为太极点,形成以此河流为背景的轨迹。当看待事物以这样的角度时,我们多了更多的接纳,多了更多的运筹帷幄。

我称呼本书作者为闻老师,不是客气的称谓,是因为我有很大的福分,拜闻老师为师,系统学习中国老祖宗五千年的智慧——阴阳五行学,他真正是我的老师啊!

如果您有机会握住闻老师的手,这是一双厚重温暖的手,一如他这人。遇到困惑,总能得到他恰到好处的指引。

您读到他的诗,我知道您会和我一样感慨和共鸣,那优雅柔和的语言背后居然如此有穿透力,您会有被看懂的感动。您能看到这个男人

[①] 心理学家,亲子关系专家,知名学府特聘教授、培训师、职业生涯顾问。中国家长教育研究所研究员,教育部全国高等学校学生信息咨询与就业指导中心及全国大学生就业指导卫星专网就业指导专家。曾任中央电视台多个栏目的特邀专家。

拥有一颗柔软的心。所以，您不会惊讶他为视障朋友做的公益培训，让这些朋友借助五行实现自己的价值。您也不难理解他的发愿，培养更多的五行导师，弘扬中国的古老智慧。

　　闻老师，这个天资并不很聪慧的人，因为使命感，因为勤奋，因为二十年专注的研究，成为智慧的人，并带给许多人智慧。他的一句话深深地打动我：要成为把一本书看一万遍的人！而闻老师就是这么做到的！

　　能为闻老师写序，是我莫大的荣幸。这些天我一直在思考，我该怎样表达这位带给我生命重要影响的良师益友，我该传递怎样的信息给读者，以利于您读这本书时有更大的收获。我深深地相信，您在这个时空点拿起这本书，是因为您和五行之间，您和闻老师之间，原本那些看不见的千丝万缕的联系，在此刻都有机会呈现在您的面前——您的感受，您的启发，您的决定，都是您在和闻老师对话啊！我相信您透过闻老师的文字能更深地了解自己！透过五行看世界，透过五行看自己的人生，透过了解自己来了解世界。

　　仰望星空，有些星星总以独特的沉静和等待为我们指引方向。

　　透过这本智慧的书与智慧的人相伴，与老祖宗五千年的智慧相伴，成为智慧的人。

2012 年 4 月 6 日 23 时
于哈尔滨海悦酒店

序三　五行实践者

葛基中[①]

阴阳五行是中国文化的精髓，也是中国古代朴素的方法论和辩证法思想。中国古代的人们认为世界是物质的，是在阴阳二气作用的推动下孳生、发展和变化；并且认为木、火、土、金、水五种最基本的物质是构成世界不可缺少的元素。正是这五种物质相克相生，在不断的运动变化之下，形成大自然发展的规律。通过阴阳五行的发展规律，古代的人们比较准确地预测到未来世界发展的态势。

闻晨植老师撰写的这本书，继承和发扬了中国文化的思想和理念，让更多的人们见识到阴阳五行学的思想和方法，并且把阴阳五行学的思想和方法运用到我们的现实生活中来，帮助人们预测和处理未来世界可能发生的事态。闻老师在继承中国传统的文化思想的同时，特别强调当下生活的本身，认为只有深刻地认识现代社会和生活，才能很好地运用阴阳五行的思想和理论，去预测和处理当下的问题。

由于世界是丰富多彩的，在各种复杂的变化过程中，闻老师经常教导学生说："事实不重要，重要的是认知。"就是告诫人们要从多角度看问题，要客观地把握时空的规律，才能正确地预测事物发展的规律，正确处理一切问题。同时，在运用阴阳五行方法预测问题的时候，闻老师更注重"一花一世界，一木一如来"的理念，从一般的规律中寻找每一个事物的发展个性，确保预测的准确性。这来自闻老师生活的积累以及对现代社会的观测和分析。

[①] 葛基中：毕业于上海交通大学暨法国雷恩商学院，工商管理博士。现任上海欣海报关有限公司董事长，著有《夹缝中生存》一书。

闻老师潜心研究中国古老阴阳五行学理论的同时，把点滴心得毫无保留地传教给学生们，并且建立了"心海学堂"。在"心海学堂"上，他让学生在学堂上充分展示自己的才华，在短短的几年中培养了一批优秀的阴阳五行学的实践者。而且闻老师根据各个学生的生活阅历的不同，指导学生专攻不同的领域，让学生尽快在各自的领域中用好阴阳五行的思想和方法，尽可能在生活和工作中得到应用。

闻老师最难得可贵的精神是公益培养了一批视障学生，让这些视障学员发挥各自的长处，帮助他们找到自己的价值所在。因为，视障学员有自己特有的优势，只要掌握了阴阳五行的思想和方法，他们就能开发自己的潜力，比较准确地预测事物发展的规律，帮助其他人去实践并且获得成功。

在社会实践中，闻老师不是简单地运用阴阳五行学预测事物的未来和结果，而是更加关注事物发展的过程和规律，从中告诫人们要运用认识和理解事物发展的思维方法。目的是帮助人们运用正确的辩证思维去看待问题，根据时空的变化，运用正确方法去解决问题。天时地利人和是处理一切事物的关键，阴阳五行就是帮助我们准确的把握天时、地利和人和，去处理社会上遇到的一切事物。

我就是在闻老师指导下的阴阳五行学实践者，经常把学到的阴阳五行的思想和方法运用在企业经营管理中，从中受益匪浅。在企业经营和管理中，不是简单地把阴阳五行运用到预测市场的变化，而更重要的是在市场的变化中把握了阴阳变化规律，我们不但能解决当下的问题和可能，更有可能在变化的过程中找到我们的商机。同样，在企业内部管理的组织架构中，我们也可以按照五行相克相生的方法推转各个部门的工作，从而帮助企业更加健康和持续的发展。

当然，中国的阴阳五行思想和理论有待于我们更深入的研究和挖掘，闻老师是当代中国众多的阴阳五行探索者之一，还需要不断的研究和实践。当下的这本书只是一个实践的产物，让我们对阴阳五行架构有一个初步的认识，我们期待闻老师能研究和挖掘更多、更深的中国文化的精髓，从而推动中国文化的发展，为发扬中国文化作出更多的贡献。

2012 年 4 月 21 日

前　　言

　　终于知道了,终于知道那看不到、摸不着,无处不在又一无所在的追求。

　　她以绝美的姿态,出现在我最没能料到的时刻,是那单纯的不能再单纯的命运,是那简单的不能再简单的结构关系。我用宗教般的专注,反反复复地排列着那些难懂的字句;我用化石般的耐心去演绎现象世界的戏剧。我知道,你是我最初和最后的爱;我知道,你一直在静静地守护着我,任世间一切都在变迁,我还是在你难测的胸怀中。

　　当我抹去了那些光和影的反射,当我在满树的花朵中见到了一粒种子的时候,我终于明白,所有的时刻你都没有将我抛弃,我只是那颗随风而出的种子,走在应约而来的时空聚合中。一路上,沉醉在柔风白云中,迷失在风雨丛林里。在一个寂静的夜晚,我忽然发现脚下的路,尽管有千条万条,都是已知的路,已了然的轨迹。活在其中的我,只不过在六十甲子的六个循环中,不断地展现,不断地还原。世界依然只有一个,依然那么的绝美。我知道,如果这样,当春天再来的时候,有一朵百合花,会在同一个山谷生长,依然会绽放。虽然,花开,花谢,人来,人往,然而却没有人知道她曾有过的悲欢离合。就在此刻,我似乎听到了一个声音在对我说:如果,你懂,就该知道,你选择来或者不来,我都在这里。不是有,也不是无;不曾去,也不曾留。忽然间我觉得有一滴眼泪想掉下来,我忍住了。想继续伫足静听时,却发现那充满慈悲的叹息已经声息寂灭,不见来踪,亦无来处。一瞬间,回顾所来之径,这半生坎坷在夜色中,竟化为忧喜参半的热泪。

　　也许,我该跟着人群走下去,就这样微笑着走到尽头。尽管我知道一切都是虚空,一切都是扑风,那千条万条选择的路,过去,现在,未来都已走过,都已发生。

也许,雾起时,我应该享受这林间泥土的芳香,找一个山水相连的地方定居,将已经学会的时空的学问,以及爱和信仰都浇灌到水晶球中,在水波云纹中,重现少年时的志向。

雾散后,山空湖静,已是一生,唱着那古老而慈悲的音律,在千人万人中,在百转千回里,踏着绝不会认错的路,投向你的怀抱。

上篇　理论篇

第一章 太极 阴阳 五行

第一节 太极 阴阳

一、太极

阴阳五行学是通过定太极、分阴阳、看五行,来发现世界的规律性。

无极、太极是古圣先贤创造出的两个名词,并有无数的古代圣人为此绘制出各种太极图。

太极图,又称《先天图》或《天地自然之图》,是中国上古文化中最神秘的一张图,也是最众说纷纭、争论最激烈的一张图。

《周易·系辞传》中已明确提出:"易有太极,是生两仪。"但汉代以后传的《周易》,都不曾附有《太极图》,直到宋朝道士陈抟创绘出《太极图》,并有"先天"、"后天"之分。

据邵雍说,先天《太极图》为伏羲所画,后天《太极图》为周文王所作,并指出:"伏羲之易,初无文字,只有一图以寓其象数。而天地万物之理,阴阳始终之变具焉。"

本书讨论的核心是阴阳五行学说,重点不在太极、八卦,故选太极图中的一种,即来知德的太极图供读者赏析。

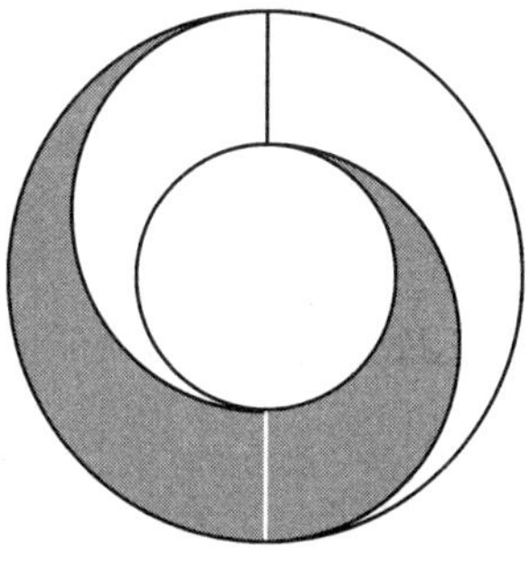

笔者认为:无极是一种绝对的纯存在,它不需要任何具体的东西来规定,不以任何东西为前提,不包含任何内容,是一切的基础和开端。太极也是一种绝对性的存

图1 来知德太极图

在,但并非一种抽象的纯存在,是一种自在。没有东西与之对立,是自己和自己的统一,也就是在自己之外再也没有外在于自己的东西了。太极自身包含两个属性:一方面是自己对自己的肯定,称之为阳;另一方面就是自己对自己的否定,称之为阴。因为自在的东西有着自己对自己肯定的同时,并不排斥自己对自己的否定。

二、阴阳

太极的自我肯定,动而生阳;太极的自我否定,静而生阴。动静之中会有生、化、返三种情况。

所谓"生",就是当"无有合"时,则生"阴阳";"阴阳合"时,则生"天地";"天地合"时,则生"万物"。

所谓"化",就是"太极"和"物"合时,则化"形";"太极"和"形"合时,则化"象"。

所谓"返",就是"太极"和"象"合时,则返"无"。

在阴阳五行的世界中,太极是一,阴阳是二。太极和阴阳的关系是生、化、返的关系。不是一分二的关系。

《道德经》说:"道生一,一生二,二生三;三生万物。"笔者认为如果太极是"一",阴阳是"二",那么这个三就是阴阳生、化、返的产物。在一般人的认知中,这个产物是"三",是由一生出来的阴阳,再由阴阳合出来的"三"。但就太极的"一"来说,它是一种绝对,没有时间上的先后、空间上的大小,因此这个合出来的"三",本身就是太极的"一"。一般人鉴于时间和空间概念的认知,认为先有"一"后生"二",再生"三",这种先后时间秩序、空间大小对"一"来说是没有意义的。笔者认为"三"在整体上其实就是"一",它包含了阴阳的"二",只有到了阴阳的世界中,时间和空间才有意义。

笔者推崇的来知德太极图,此太极图中的阳中阴、阴中阳的鱼眼,是太极本身的全息再现。这张太极图,就太极生阴阳,阴阳合生"三"而言,这个"三"用我们可以理解的话说,是有时间和空间概念的。这样第一个太极,就是"一",然后生阴阳,之后阴阳合,生出一个新的太极。这个新的太极,就是"三"。这两个太极的关系,是一种整体和部分的关系,是总系统和子系统的关系,是低层次和高层次的关系。

在阴阳五行的世界中,同一个体的部分与整体之间、同一层次的事物之间、不同层次系统中的事物之间、事物的开端与结果、事物发展的大过程与小过程、时间与空间,都存在着全息的相互对应关系;每一部分中都包含着其他部分,同时它又被包含在其他部分之中。在我们现在能够感觉到的三维阴阳世界中,很多看似没有关联的独立整体,在太极中则是全息相关联的统一体,各个部分之间、部分和部分之间是全息对应的。由于太极并没有时间和空间的限制,因此它可以出现在任何维度的时空中,也可以出现在任何空间大小和时间先后中,并将没有关系的对应独立整体连接在一起。而对应的法则就是本书写的五行中各种天干和地支关系。这是我们祖先五千年来对生命和宇宙法则的总结。

三、五行学文化

很多人将五行学文化和易经混为一谈,认为这是易经的一个分支。这种看法是错误的。

笔者认为易经文化是上古时代中原的文化,在秦汉时代,各地区都有自己的文化,文字语言都是不统一的,每个地区和每个民族都有自己的文化。易经主要在山西、河南一带。孔子主要在鲁国,道家主要在齐国。而五行学的文化是比易经更古老的文化,分布在黄河下游、河北等地,是黄帝时代的文化。

五行学的代表人物是战国时代的邹衍,此人在电视剧《寻秦记》中出现过。如果你认真读司马迁的《史记》,就会发现,此人很了不起,在当时比孟子名气要大很多,是当时的大科学家。孟子见梁惠王时,王说:"叟,不远千里而来,亦将有利吾国乎?"也就是孟子见魏国的王,王并不是很尊敬他。但是邹衍到齐国和其他国家时就不是这样,都是王率百官隆重欢迎,设宴。

我们的历史只是说邹衍是个阴阳五行学家，没有提到他讲些什么。他的学说中仅仅有一句被保留下来，就是"九州"。他说，我们生活的土地有九个州，我们住的叫神州，是其中的一块。这在当时是很了不起的说法。因为他不可能绕地球一圈去看。

按照传统的说法：太极八卦，阴阳五行。

八卦和五行思想是两套思辩体系。笔者的学生很多人没有学过八卦，但是可以将人物和事件描述得很清楚。

五行对矛盾的解释有自己的一套体系。比如一对矛盾，在五行学中，可以是金和木，也可以是水和火；又可以是立体的四维矛盾，也就是金木水火同时存在；再分阴阳时就是八个点的矛盾。五行本身有易经八个基点，六个面的特点。如果你将五行分阴阳，就是十个天干，缺一而动，就是九宫。这缺的一，可以是任何一个天干。其他的九个天干，就是对这个天干的说明，这样就是九宫，自然成八卦，中间是土。这些是易经二分法则不能表达的。这个九，本身是一个圆。好比一个人看一个西瓜，将它用四刀切成九片，中间一块没有皮只有瓤。这种对西瓜的结构说明，直观地表达了五行内涵。如果用八卦只能看到八片，中间的土，是没有的。

八卦是二进制结构，所以只有八，到了九，就回到一。五行是五进制结构，分阴阳时是十进制结构，也就是算盘的结构。五行是到了五就回到一；分阴阳的话，就是到了九回到一。这就是我们常说的九宫八卦。当然在易经体系中，还有种纳甲的方法，将五行的干支纳到六十四卦中。

笔者的几点看法：

1. 五行在现代用法中，取样多是时间。（不是不能取空间）
2. 八卦在现代用法中，取样多是空间。（不是不能取时间）

古人认为时间空间是一体的。所以时间离不开空间，空间离不开时间。这两套体系都有自己对空间、时间的规定性，但各自成体系。读者可以在九宫八卦中互相补充，也可以独立使用。

第二节 五 行

一、五行生克

阴阳五行学说,是中国有着五千年历史的一门哲学,认为木、火、土、金、水,是对现象世界的抽象表达,是一种逻辑关系上可能性的设定,是建立在时间、空间动态变化基础上的思维艺术。其理论系统的完整性和严密性接近完美无瑕,能出人意料地揭示事件存在和发展的客观事实。

中国古代思想家、哲学家用五行理论来说明世界万物的形成及其相互关系;中医医师用五行来解释生理及病理上的种种现象;天文学家用五行编制历法来指导农业生产;军事家用五行统领军队和制定作战步骤及决策;外交家用五行来制定外交策略;占卜师则用五行的相生相克来推断人的命运。

五行相生:金生水,水生木,木生火,火生土,土生金。如图2。

五行相克:金克木,木克土,土克水,水克火,火克金。如图3。

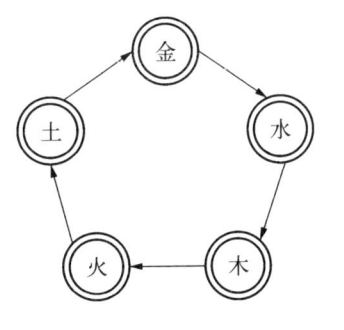

图 2　五行顺图(相生图)　　　　图 3　五行逆图(相克图)

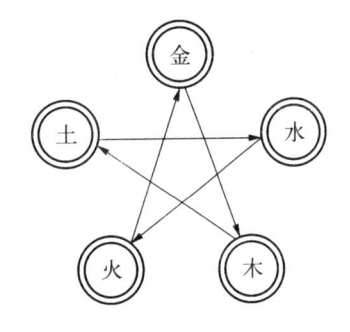

二、五行生克论

五行者,金木水火土。儒家曰:仁义礼智信。以此为生,立言,立德,立行。兵家曰:智信仁勇严。以此为克,明死生之事,存亡之道。

五行，在天时曰：四季寒暑，日用时刻，节令强弱；在地利曰：内外远近，前后表里，上下虚实。

五行之质，首在关系。关系妥当曰：吉；关系不妥曰：凶。世人以利平衡善恶，损己利人为善，利己损人为恶。五行独以关系相宜与否平衡善恶，相宜为善，不宜为恶。故欲趋吉避凶，先明相互关系。五行关系者，生克而已。常人以生为吉，以克为凶，误人之论。需知阴阳并无好坏，生克本无吉凶，当生则生吉，当克则克吉。

何者为生？

生之核心在于给予。给予之道，在时机。待其所急而予之，顺其所需而付之。若人之不欲而强予之，则凶。

何者为克？

克之核心在于制服。制服之道，在奇正。以正合，以奇胜。正合者，自养固本，立于不败之地；奇胜者，待时寻机，不失敌之所败。若仅以强弱定胜负，不观形，不察势，非智者所为。

五行之用，在知人。知人者王，知事者臣。王者，以知人御人用人为要；故人主，以御人为其能。臣者，以能言理事执行为要；故人臣，以自能为其能。欲学王道，必先知人；若要知人，首选五行。

三、五行与太极、阴阳

五行是对于阴阳的再描述，相当于"三"，但是它本质上讲含有太极的"一"和阴阳的"二"。对于"一"而言，它无处不在，又一无所在，无法描述。本书中提到的心法大多数和这个太极的"一"有关。对于"二"来说，就是阴阳，即矛盾的对立统一和转化，也就是生、化、返。

太极"一"没有大小、没有内外、没有动静，没有一切的相对概念。人类为了分别这个"一"，就产生阴阳的概念。在阴阳的基础上再一次细分，就是金木水火土。

五行的对立统一和转化的理论如下：

1. 金木水火土本身的矛盾和统一。比如：金分阴阳，但统一为金；木分阴阳，但统一为木。

2. 金克木，木克土，土克水，水克火，火克金是矛盾；金生水，水生木，木生火，火生土，土生金是统一。

3. 矛盾的转化指，金克木是矛盾，但可以有条件地转化。比如庚金克甲木为矛盾，但庚金合乙木就是矛盾的转化。

在五行中，最难理解的是"土"。这个"土"有两方面的概念，一般人理解认为土是和金木水火平行的一个元素。事实上，土除了和金木水火有一个平行的概念外，另外还有一个概念，就是太极"一"的概念。本书后面会提到的墓和库的术语就是这个概念。土分为辰土（水墓、库）、戌土（火墓、库）、丑土（金墓、库）、未库（木墓、库）。当土作为墓和库来看的时候，它和金木水火是整体和个别的关系。比如说：一个大拇指，它就是土。当你把它当土看的时候，它和其他手指的关系是平行关系，当你把它当成墓库来看的时候，它本身含有两个指节，可以和任何一个手指构成一个太极，共有五个指节。这个墓库的土可以和其他的手指构成四个不同的金木水火太极圆。因此，在五行图的画法中，有两种不同的画法。一种是平行关系，一种是土在当中的关系。如图：

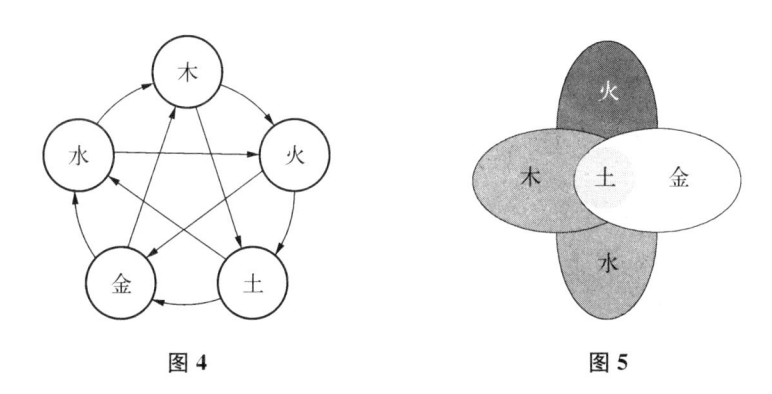

图 4

图 5

四、五行对应表

五行	木	火	土	金	水
八卦	震巽	离	坤艮	乾兑	坎
五季	春	夏	四季	秋	冬

续　表

五行	木	火	土	金	水
五方	东	南	中	西	北
五化	生	长	化	收	藏
五色	青绿	赤	黄	白	黑蓝
五味	酸	苦	甘	辣	咸
五音	角	徵	宫	商	羽
五官	眼	舌	鼻	口	耳
五脏	肝	心	脾	肺	肾
六腑	胆	小肠	胃	大肠	膀胱
五常	仁	礼	信	义	智
五情	怒	喜	思	悲	恐

"五行对应表"是坊间广泛流传的便于初学者记忆的汇总表。笔者认为,此表仅可作为记忆的参考。如:"五色"中木代表青绿,而实际只有木与木发生关系时才是青绿色,木与火发生关系时,则是红、绿相作用后的颜色。

五、五行情志论

五行情志论是笔者在参考《黄帝内经》后,就五行在人类心理情志上表现的一种理解,供读者参考。

木在东,为魂。

金在西,为魄。

火在南,为心。

水在北,为志。

土在中,为在。

心本无物,故可任万物。万物所寄处其名为在。故五行火土同宫,心物一元而异名。

心在木为心魂,心在金为心魄,心在火为心神,心在水为心志,心在土为存在。心在金木水火土中为自在。

心有所动,其名为意,意有所动,其名为思,思之存变,其名为志,志而慕远,其名为虑。

因虑而处物谓文明。故五行火生土,土生金,金生水,水生木,木生火。

心好喜乐,其名为贪,贪之所指,其名为婪,婪之吉凶,其名为祸福。意好名利,其名为志,志之所指,其名为向。向之得失,其名为成败。故五行火克金,金克木,木克土,土克水,水克火。

人以心为太极,故火克金其名为泣,得为喜,失为泣;金克木其名为损益,失为损,得为益;木克土其名为荣辱,得为荣,失为辱;土克水其名甘苦,得为甘,得为苦;水克火其名为贵贱,得为贵,失为贱。

肝悲而哀动,此为木伤,木伤则魂伤,此为失魂。肺喜而乐无极,此为金伤,金伤则魄伤,此为落魄。两者相伤则失魂落魄,两者相存则悲喜交加。思而有虑,不解为愁,此为金木相战土伤,土伤则意乱,意乱则心忧,心忧则怵惕。怵惕为肾虚而恐,因恐而伤志,此为土克水伤。金木水土之伤皆为神伤,神伤则伤心,心伤为病。

六、"五行亢悔理论"(古代先贤的口诀)

金:金旺得火,方成器皿。

金能生水,水多金沉;强金得水,方挫其锋。

金能克木,木多金缺;木弱逢金,必为砍折。

金赖土生,土多金埋;土能生金,金多土变。

火:火旺得水,方成相济。

火能生土,土多火晦;强火得土,方止其焰。

火能克金,金多火熄;金弱遇火,必见销熔。

火赖木生,木多火炽;木能生火,火多木焚。

水:水旺得土,方成池沼。

水能生木,木多水缩;强水得木,方泄其势。

水能克火,火多水干;火弱遇水,必为熄灭。

水赖金生,金多水浊;金能生水,水多金沉。

土:土旺得木,方能疏通。

土能生金,金多土变;强土得金,方制其壅。

土能克水,水多土流;水弱逢土,必为淤塞。

土赖火生,火多土焦;火能生土,土多火晦。

木:木旺得金,方成栋梁。

木能生火,火多木焚;强木得火,方化其顽。

木能克土,土多木折;土弱逢木,必为倾陷。

木赖水生,水多木漂;水能生木,木多水缩。

第二章 天干 地支

第一节 十天干

十天干：甲、乙、丙、丁、戊、己、庚、辛、壬、癸。

十天干是阴阳五行最重要的内容。天干为气、为显、为象，是表现在外，大家能看到的。

甲、丙、戊、庚、壬为阳，丙火秉阳之精，为至阳；乙、丁、己、辛、癸为阴，癸水秉阴之精，为至阴。

一、天干特性

木的特性：生发、柔和、曲直、舒展等意。主仁慈。

甲木属阳，为直、纵向之意。

乙木属阴，为弯曲、横向之意。

火的特性：温热、光亮、向上、升腾等意。主礼仪。

丙火属阳，为热情、猛烈之意。

丁火属阴，为温暖、持续之意。

土的特性：生化、受纳、厚重、等意。主诚信。

戊土属阳，为厚重，有受纳之意。

己土属阴，为谦卑，有平薄之意。

金的特性：清洁、干净、肃降、收敛等意。主义气。

庚金属阳，为坚硬、粗放之意。

辛金属阴，为干净、温润之意。

水的特性：寒冷、向下、潮湿、滋润等意。主智慧。

壬水属阳,为宽广、奔腾、清浊并容之意。

癸水属阴,为细小、闭藏和内在萌生之意。

以上是十天干的基本特点,十天干是一种抽象的符号,书难以尽意,读者无需执著于文字概念的说明。在学习和了解的时候,尽量去体悟,得意可以忘言。

二、天干类象（参考）

甲象和乙象：如果甲木为头,乙木就是头发；如果甲木是身躯,乙木就是四肢；如果甲木是手臂,乙木就是手指；如果甲木是树,乙木就是树枝；如果甲木是电线杆,乙木就是电线。甲乙同为木,甲木其形为"直",乙木其形在"曲"。

丙象和丁象：如果丙火是光波,丁火就是光粒子；如果丙火是太阳,丁火就是月亮或星星；如果丙火是电灯,丁火就是蜡烛；如果丙火是强电,丁火就是弱电。丙火其形为"大"、为"圆"；丁火其形为"小"、为"线"。

戊象和己象：如果戊土是建筑物,己土就是建筑中的园地；如果戊土是胃,己土就是脾；如果戊土是脸上的肉,己土就是嘴唇上的肉；如果戊土是砖瓦,己土就是水泥。戊土其形为"方"、为"厚",己土其形为"平"、为"薄"。

庚象和辛象：如果庚金是铁器,辛金就是玉器；如果庚金是骨骼,辛金就是牙齿；如果庚金是文章的主线索,辛金就是细节；如果庚金是大肠有消化食物的功能；那么辛金就是肺有置换氧气的功能。庚金其形为"棱角",辛金其形为"致密"。

壬象和癸象：如果壬水是江河,癸水就是池塘；如果壬水是动脉,癸水就是静脉；如果壬水是运输业,那么癸水就是洗浴业；如果壬水是滂沱大雨,那么癸水就是蒙蒙细雨。壬水其形为"动的流动",无规则；癸水其形为"静的流动",有规则。

另列举一些天干类象,以激发读者建立在十天干基本特性基础上的想象力。

以天干论人体及人体器官的类象：

	论人体及人体器官类象
甲	头、头面、头发、眉、肢体、肝胆、经脉、神经
乙	颈、脊柱、手腕、脚腕、胆、头发、经脉
丙	眼睛、神经、大脑、血压、小肠、肩
丁	眼睛、心脏、血管、神经
戊	鼻、胃、皮肤、肌肉
己	脾、腹、皮肤、胰腺
庚	大肠、大骨骼、骨钙、肺、牙齿、噪音、脐
辛	肺、呼吸道、喉咙、鼻腔、耳朵、筋骨、小骨骼
壬	肾、动脉血液、循环系统
癸	女性生殖器、静脉血液、眼泪、膀胱

以天干论人的性格特性类象：

	论人的性格特性类象
甲木	宽仁、磊落、卓立、高贵 甲木有恻隐之心，具上进心，喜华美的事物，有风雅的性格，进退有情有义，处事负责；但缺乏应变能力，又因常烦恼故做事多劳苦
乙木	朴实、善良、柔情、儒雅、仁慈 乙木富同情心，性情和蔼，外表谦虚；但内心占有欲强，虽有才能但常烦心
丙火	体恤、正面、多言、激情、心思 丙火为火之兄，朝气蓬勃，热情开朗，丙火有影响力；热情但没有持久性、没有穿透力；适合各种社交活动，但也易被误解为好大喜功
丁火	文雅、多思、神秘、智慧 丁火为火之妹，得势有力，失势无力，具有外静内进，思想缜密的性格；但是多疑与有心机是缺点
戊土	忠厚、慢性子、老成、生硬 戊土诚实，厚重，性情笃实沉稳，为人憨直
己土	谦卑、自我 己土重视内涵，多才多艺，行事依循规矩；但度量欠广，易生疑心
庚金	刚强、威武、暴躁、固执，于人事为主动变革 庚金精神粗旷豪爽，意向轻燥，性情刚烈而重义气，人缘佳，容易相处；个性好胜，具有破坏性

续 表

	论人的性格特性类象
辛金	通达、柔润、灵动、好面子,于人事为好奇求新 辛金有条理,性较阴沉,温润秀气,重感情,虚荣心强而爱好面子,有强烈的自尊心,缺乏坚强的意志
壬水	智谋、好动、任性 壬水为水之兄,含有清浊并容、宽宏大度之意,能潜伏和包容,富于勇气,但有依赖性强、凡事漫不经心之意
癸水	智谋、聪明、机敏、温柔 癸水为水之妹,平静、柔和、内向、勤勉力行,然而爱好猜臆、注重原则、不务实际,故内心常蓄不平,并时有破坏性,并且有重情调,喜钻牛角尖的倾向

以天干论物的类象:

	论物的类象
甲	可指森林大树,强壮、高大、直而向上(纵向)。树林、木头、栋梁、电杆、高楼、首领、雷、神位、公门
乙	可指小树、花草之类,性质柔软,弯曲而横向发展。也可类比风、禾苗、乔木、花木、软木条、藤条、蔬菜、庄稼、绿地、花园、公园、山林、栏杆、毛笔、织物、丝线、手作
丙	指太阳,炎炎炳照之意,散发(圆而向外发展)。太阳、光芒、帝王、权利、温暖、色彩、变幻、影视、传媒、信息、名气、花朵、靓丽、装饰、城门、宫室、剧场、文章、书画、表面、表演、演说、电、电器
丁	指灯光、炉火等,火势不稳定,得时有力、失时无力;线的味道、灵感、心力(点很小但有穿透力,小而直线发展)。星星、星光、灵光、灯光、文明、文化、文字、思想、医道、玄学、神学、香火、小花、内心、电、电子、网络、文章、书籍、报刊、荣誉、名望
戊	指大地的土,广厚茂盛,又指堤坝之土,可有力地防止河川泛滥。霞、大地、山丘、高坡、护岸、城池、政府、建筑、房地产、仓库、停车场、寺庙、古董、旧物、涂料、砖瓦、收藏品、完成品、突出物
己	指田园之土,不如戊土广厚,但易栽植(薄、湿)。云、园地、庭院、房屋、墓地、平原、土产、农业、牧业、水泥、建材、果实、财帛、粉尘、脏、斑点
庚	指铁、刀剑、矿石等,性质坚硬(收缩、锐利)。顽铁、铁器、利器、五金、钢材、矿物、矿山、机器、制造业、金融、军队、警察、车、大路、手术、医院
辛	指珠玉、宝石、砂金。霜、金子、珠宝、玉器、钻石、金饰品、晶体、乐器、针、剪刀、笔、钱币、金融、医药、精加工、法律

续 表

	论 物 的 类 象
壬	指大海之水,动态的水,有大的意思。江河之水(动、流),云海、水泽、湖泊、航运、运输、贸易、水产、浴业、石油、水彩
癸	指雨露之水,也有闭藏和内在萌生之意;有静、阴寒的意思(静、流、神秘)。雨露、泉水、霜雪、池塘、结晶、眼泪、墨、水产、浴业、后面、玄学、智业、谋略

学习类像最忌讳的就是死记硬背,要结合生活。记得有个洋学生学习中文。有一次有个同学说:我出去方便一下。他不懂,就问这是什么意思。其他同学告诉他,这个人去厕所了。他明白了,也记住了。第二天,有个女同学给他打电话说:如果你现在方便的话,我过来一下。他连忙说:我方便的时候,你千万别过来。

三、天干五合

甲己合化为土,乙庚合化为金,丙辛合化为水,丁壬合化为木,戊癸合化为火。

自古流传的天干五合的口诀有:甲己合,中正之合;乙庚合,情谊之合;丙辛合,威严之合;丁壬合,淫荡之合;戊癸合,无情之合。

古代的口诀是基于儒家思想,笔者对天干五合有一种新的解释,供大家参考。

甲己合注重尊重;乙庚合注重情意;丙辛合注重心灵;丁壬合注重现实;戊癸合注重信任。

四、天干五行合化论

甲己合化为土;乙庚合化为金,丙辛合化为水,丁壬合化为木,戊癸合化为火。

1. 理法

一般来说,合有几种情况。第一种是合而不化也称为合拌;第二种是合化;第三种是反化。当地支支持五行的合化方向,则易化。反之,则会合拌,反化。比如,甲己合化为土,地支为土,或者是生土的火则易化。反之，如果是金水则不易化，也称合拌；如果是木，则容易反化。在生活中，甲子见到己未，甲喜欢己，己也喜欢甲。但甲有子水生，己有未做根，如此甲子和己未会相互欣赏，但各自有自己的内在想法。

2. 技法

有一个人是甲戌见己未；在庚寅年：甲因为压力的原因，去找己土。在壬午月到癸未月，两个人开始相恋；甲申月开始到乙酉月，丙戌月两个人相互牵制，吵闹；丁亥、戊子月，甲不再想付出了；己丑月却又见面了。由于地支是刑的关系，在一起当然会相互的伤害，只是未刑戌火库是为了合局；戌刑未，却是为了入库。

3. 心法

当甲的心已经被己合化，当乙的心已经被庚合化时，甲和乙会不停地付出。当甲的心已经被己牵绊，当乙的情已经被庚牵绊时，甲和乙就会在想付出却怕受伤害中生起各种纠结。

当丙辛的两颗心被合化时，那么在四目交投的时刻，丙的眼睛会躲闪，辛的眼睛会害羞。当丙辛的两颗心合而不化时，丙的眼睛里都是麻烦，辛的眼睛里满是泪水。

当丁壬的两颗心被合化时，丁的心跳会加速、脸会红。壬则会淋漓尽致地发挥。当丁壬的两颗心合而不化时，丁总是在寻找自己，壬总是满腹的怨言和委屈。

当戊癸合化时，癸在哭，戊土会陪她哭；戊土在笑，癸水会陪他笑。当戊癸的两颗心合而不化时，戊土什么也不想听，只想快些离开；癸水闭上眼睛，拼命忍着泪水说分手吧。

五、天干五合情感论

笔者经过多年的理论研究和实践摸索，认为在婚恋中，天干的五合是基础中的基础。

五行学中的爱情是指阴阳间的关系，其本质是建立在一种自我的意识基础上的，是自己的意识在对方身上的体现，并不仅仅是指婚姻的契约关系和性关系。不是所有的婚姻都有爱情，很多案例告诉笔者一个事实,有相当一部分的婚姻是一种被培养的习惯,是一份亲情,一份感动。这份感动大多来自安全感的需求或者是身心平衡的需求。在专业技法上,你不能仅仅以官煞或者是正偏财来定义,需要仔细分析日柱的地支透出来的五行来分析。

真正的爱情,应该有三个组成部分。

第一就是亲密,并非仅仅指零距离的肉体接触,还含有心灵上的交流和不设防。

第二就是激情,这种激情也并非仅仅指性关系,还有一种生命的渴望和非理性的畅想。

第三就是承诺,这种关系也并不仅仅指法律上契约,还有一种无条件的付出和专一。

这三种状态,就天干五合来说,亲密就是天干五合本身;而激情指的是五行的合化;承诺指的是天干的十神意向,比如说女命合正官,男命合正财。

因此天干五合相遇,现代人可以论恋爱,但这种恋爱更多的是一种喜欢,友情的成分居多。如果能合化则有了激情,这是典型的恋爱,特别是初恋或婚外恋。根据合化的五行方向,你可以明白激情的主要性质。如果能合化且合化的五行又能符合女命合化正官,男命合化正财的标准,那么这才是最经典的爱情。现实生活中这种机会比较少。

如果一个时间局的构架中,你见到的只有甲辛,丁庚等等组合,这样就是一种承诺,难有心灵和思想的交流,更难谈得上有激情的感觉。这也可以结婚,但是为了结婚而结婚。这种情况你需要看看是否身弱,需要印。也就是他(她)缺乏安全感,需要有人照顾,需要房子等等,这时候结婚的应期是印到的时候。

如果,你在时间局构架中,见到的是天干五合,且合化的五行方向也是对的,但是却没有办法合化。那么这种婚姻有义务,有权利,却没有感觉,但可以过得四平八稳。

在心法上,到底如何理解合、合化。对一个将要谈恋爱,或者已经恋爱的男女,用来判断将来的婚姻状态是有一定的帮助的。

  1. 在某个晚上,你正在看电视,突然有个情景触动你,使你想起了他(她)。这时候,你想象他(她)现在做什么,心里泛起一阵暖意。过了一会注意力又重新被电视的情节吸引。能合但不化。

  2. 在某个晚上,你正在看电视,突然有个情景触动你,使你想起了他(她)。这时候,你想象他(她)现在做什么,此时思念如潮,电视再也看不下去了,总惦记着他(她)是否吃饭了,是否加班,为什么没有短信,是否现在也在想着自己等等。合化了。

  3. 当某个建议或议题在讨论,你和他(她)有不同的意见,双方会争论,虽然表面各不相让,但自己内心还是觉得对方有些道理。这是逢冲论合,但没有合化。

  4. 当某个建议或议题在讨论,你和他(她)有不同的意见,他(她)无心的一句话,能顷刻间让你情绪低落难过,甚至眼泪有些控制不住。合化了。

  5. 当他(她)出差,你也许会帮他(她)整理些东西,也许仅仅说了一声"一路平安",然后看着他(她)离去,心里觉得有些不舍。合但不化,只是合的程度有些不同。

  6. 当他(她)出差,你会帮他(她)整理东西,还会叮嘱这个那个的琐事,当你说了一声"一路平安",然后看着他(她)离去,心里虽然没有不舍的感觉,却心神不宁了。合化了。

  7. 当你们在一起,讲起他(她)的童年往事,或调皮、或坎坷,你会哈哈大笑,或有些感动。合了,但不化。

  8. 当你们在一起,讲起他(她)的童年往事,或调皮、或坎坷,你虽仅微微一笑,但有一种珍惜的感觉。合化了。

  9. 当你寂寞的时候,无聊的时候,伤感的时候,你特别想和他(她)在一起。是逢冲论合,但不化。

  10. 当你无论寂寞还是愉快的时候,都想和他在一起,甚至想将自己的快乐都给予他(她),有时候,为了不打扰他(她)还必须拼命忍着不发短消息或打电话的冲动。合化了。

合婚的过程

在选择合婚对象的时候,第一阶段是选择。这一阶段会先看外貌和讲究感觉。这是一种对异性的选择,是一种动物的本能。其中外貌是属于天干的东西,气质是双方的吸引度,也就是天干的五合。

第二阶段是迷恋。也就是关注、试探、展示、热恋等等,这是一个合化过程。这个阶段一般会分上下两阶段,上阶段只看优点,忽视缺点;下阶段是磨合缺点,如果无法磨合成功,就会吵架、分手等等,也就是地支的刑冲克害。

第三阶段是依恋到结婚。这是个合化的结果。这个结果不是看平衡问题,而是看自我意识问题,主要就是日支,日支的藏干是你看的重点。如果在农村结婚很早,你可以考虑月支。在这里我需要强调的是,日支藏干透出后的结果是很重要的。

六、天干相冲

甲庚相冲、乙辛相冲、壬丙相冲、癸丁相冲。戊己土居中央,故无冲。

相冲指思想或者行为的对立,也指地域方向的相对。

七、阴阳五行矛盾论

人一生下来就充满了矛盾,并在矛盾过程中发展成长。只要有一天没有矛盾,人的生命就会死亡。以前笔者学习矛盾论的时候,学到的是:矛盾是对立统一的,可以分为主要矛盾和次要矛盾,矛盾在一定条件下可以相互转化等等哲学思想。但在实践中却不知道如何运用。在这里用掌握的阴阳五行学知识谈谈自己的观点。

阴阳本就是一对矛盾,相互联系,相互制约,相互对立,又相互统一。一方的存在以另一方的存在为前提,彼此相互印证。具体到阴阳五行学中,就是金木和水火的矛盾。如何区分这些矛盾呢?笔者简单地将它划分为:主要矛盾、次要矛盾、矛盾的转化、内部矛盾、外部矛盾这五个方面。如果你对阴阳理论有足够的理解,还可以具体细分下去。

比如说：主动的矛盾、被动的矛盾、理想的矛盾、现实的矛盾等等。

1. 甲遇到庚，是外在矛盾、主要矛盾；甲遇到辛，是次要矛盾。乙遇到庚，是矛盾的转化；乙遇到辛，是内在矛盾、主要矛盾。

2. 丙遇到壬，是外在矛盾、主要矛盾；丙遇到癸，是次要矛盾。丁遇到壬，是矛盾的转化；丁遇到癸，是内部矛盾、主要矛盾。

3. 戊遇到甲，是外在矛盾、主要矛盾；戊遇到乙，是次要矛盾。己遇到甲，是矛盾的转化；己遇到乙，是内部矛盾、主要矛盾。

4. 庚遇到丙，是外部矛盾、主要矛盾；庚遇到丁，是次要矛盾。辛遇到丙，是矛盾的转化；辛遇到丁，是内部矛盾、主要矛盾。

5. 壬遇到戊，是外在矛盾、主要矛盾；壬遇到己，是次要矛盾。癸遇到戊，是矛盾的转化；癸遇到己，是内部矛盾、主要矛盾。

在生命重建过程中，或在观察时间局问题的过程中，以上这些可以成为你参考的宏观背景。一个人的时间局中，如果矛盾太多就不顺利。解决的方法就是要想办法转化这些矛盾。先从主要矛盾入手，但次要矛盾也很重要，特别是岁运来临的时候，次要矛盾可以上升为主要矛盾。

案例：甲庚是一对金克木的主要矛盾。

解决的办法：

1. 你可以用水来通关，调和这对矛盾。使金生水、水生木。

2. 你可以用火来制约这种矛盾。木生火、火克金。

3. 你可以用乙木来转化这对矛盾。用天干五合的原则来解决，使乙木合住庚金。

具体到一个事件中，比如说你是甲木，你的客户是庚金。你可以用水，就是找关系；你可以用火，就是凭实力；你可以用乙木，就是给好处。不同的时间空间，你可以采用不同的方案。古代汉朝合亲制度就是用乙木来合住自己暂时无法抗衡的庚金，因为甲木的妹妹就是乙木。

在我们现代营销的实践中，这些方法也常常被使用。其实古代的韩非子提出的方法更全面。笔者简单地总结一下，暂时称它为无耻营销吧。

1. 同床。甲木无法接近庚金，利用乙庚合，可以接近庚金的妻子乙木。

2. 在旁。甲木无法搞定庚金，可以先搞定庚金最亲近的人。比如说庚金的儿子丙火，用甲木生火的办法。

3. 父兄。甲木无法搞定庚金，但可以很容易搞定庚金的爸爸，因为庚金的爸爸也是甲木。也就是通过自己的关系可以找到庚金爸爸的同事、战友、朋友等等。

4. 养殃。甲木无法搞定庚金，但可以用庚金喜欢的乙木。比如说古玩，字画，美女，初恋情人等等。

5. 流行。甲木无法搞定庚金，但可以找到庚金的手下，壬水和癸水。可以通过他们的舆论来引导庚金，化解庚对甲的看法。这样使庚金生水，水生甲木。庚金虽然很刚烈，但水如果够旺，金见水沉。

6. 威强。甲木无法搞定庚金，可以用丙火。庚金的煞就是丙，也就是用庚的把柄来威胁庚，制服他。

7. 民盟。甲木无法搞定庚金，但可以不断地给庚金手下群体好处。也就是不断地用甲木的财戊土，去合癸水，这样用戊癸合化火来制约庚金。

8. 四方。甲木无法搞定庚金，但可以搞定庚金的相关联单位，用这个单位来制约他。甲木可以利用地支的巳酉丑和申子辰三合局，也就是在其他和庚金相关联的上游单位中找巳火（也就是丙火），用巳申合局搞定庚金。在本质上也是丙庚的制约法。

以上这些用法是春秋战国时代的产物，虽然很冷、很阴，但也是对于战局的一种用法。笔者个人提倡用合局双赢多赢的办法，但作为古代学问有必要阐述一下。

第二节　十天干生旺死绝表

阳天干顺走，阴天干逆走。

五行顺逆见下表所示：

	长生	沐浴	冠带	临官	帝旺	衰	病	死	墓	绝	胎	养
甲	亥	子	丑	寅	卯	辰	巳	午	未	申	酉	戌
丙	寅	卯	辰	巳	午	未	申	酉	戌	亥	子	丑
戊	寅	卯	辰	巳	午	未	申	酉	戌	亥	子	丑
庚	巳	午	未	申	酉	戌	亥	子	丑	寅	卯	辰
壬	申	酉	戌	亥	子	丑	寅	卯	辰	巳	午	未
乙	午	巳	辰	卯	寅	丑	子	亥	戌	酉	申	未
丁	酉	申	未	午	巳	辰	卯	寅	丑	子	亥	戌
己	酉	申	未	午	巳	辰	卯	寅	丑	子	亥	戌
辛	子	亥	戌	酉	申	未	午	巳	辰	卯	寅	丑
癸	卯	寅	丑	子	亥	戌	酉	申	未	午	巳	辰

古代书籍中有很多对于十天干生死绝旺表的解释,现在提供一个最常见的供大家参考:

"长生":为人出生于世,或降生阶段。指万物萌发之际。

"沐浴":为婴儿降生后洗浴以去除污垢。指万物出生,承受大自然沐浴。

"冠带":为小儿可以穿衣戴帽了。指万物渐荣。

"临官":像人长成,强壮可以做官,化育,领导人民。指万物长成。

"帝旺":象征人壮盛到极点,可辅助帝王大有作为。指万物成熟。

"衰":指盛极而衰。指万物开始发生衰变。

"病":如人患病。指万物困顿。

"死":如人气已尽,形体已死。指万物死灭。

"墓":也称"库",如人死后归入于墓。指万物成功后归库。

"绝":如人形体绝灭化归为土。指万物前气已绝,后继之气还未到来,在地中未有其象。

"胎":如人受父母之气结聚成胎。指天地气交之际,后继之气来临,并且受胎。

"养":像人养胎于母腹之中,之后又出生。指万物在地中成形,继而又萌发,又需经历一个生生灭灭永不停止的天道循环过程。

下面仅以甲、乙木举图例,简单说明阳干和阴干顺逆。见图6：

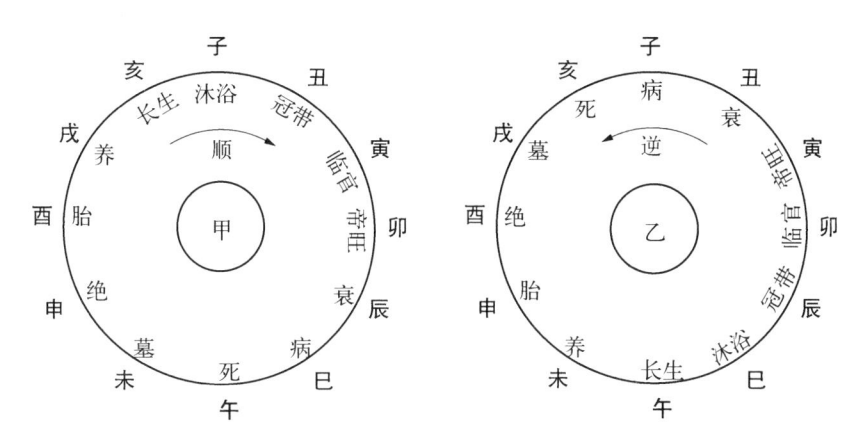

图6 天干生旺死绝顺逆图

历代先贤对于天干的生死绝望表有不同的解释,很多人还和天干的旺衰平衡联系起来。笔者认为十天干生死绝旺表是指事物或者人的一种状态,并非是指旺衰平衡。详细的用法另书描述。

第三节 十二地支

天地初分,清气上升为天,俗气下降为地。地支,为器,亦为地域方位,是承载天干之根本。

十二地支：子、丑、寅、卯、辰、巳、午、未、申、酉、戌、亥。

一、十二地支修养论

十二地支本具备自己独立的阴阳,但在论人生的修养时,会自然产生阴阳两个层面。下面的提炼是笔者对于地支的理解,供读者参考。

1. 子：在阴为潜,在阳为流
2. 丑：在阴为终,在阳为止
3. 寅：在阴为缓,在阳为生
4. 卯：在阴为随,在阳为动

5. 辰：在阴为蕴，在阳为化
6. 巳：在阴为易，在阳为变
7. 午：在阴为附，在阳为丽
8. 未：在阴为承，在阳为载
9. 申：在阴为沉，在阳为稳
10. 酉：在阴为言，在阳为乐
11. 戌：在阴为守，在阳为固
12. 亥：在阴为行，在阳为进

人生定位时的修养

戌：

宜：修辞立诚，以信立业。

宜：先天而不违天意，后天而尊奉天时。

忌：贵而无位，高而无民。

亥：

宜：韬光养晦　龙德而隐。

宜：云从龙，风从虎。

忌：或左或右，进退无据。

子：

宜：流水不盈，积跬步以成千里。

宜：行险而不失诚信，临险而不拘于常理。

忌：失势时妄想求大。

丑：

宜：动静不失其时，当止则止，适时则行。

宜：审慎抑止，由止生定，由定生安。

忌：身随而心止，心随而身止。

寅：

宜：动静相宜，适可而止。

宜：选择放弃，就止于事物发生的第一步。选择前进，就千里之行始于足下。

忌：率直无忌，谦卑无度。

卯：

宜：慈悲不失敬畏，柔善不失其刚。

宜：慎始惧初，随境而动。

忌：进则犹豫不决，退则惊慌失措。

辰：

宜：谦逊顺势，借势成局。

宜：顺则无孔不入，逆则隐而不出。

忌：征求再三，朝令夕改。

巳：

宜：三思慎行，口出恩言。

宜：恭顺却不失立身之本，变化又始终恒心通达。

忌：思前想后，出尔反尔。

午：

宜：柔丽中正，以顺自养。

宜：日月之丽在天，人生之丽在互依互存共赢以成天下。

忌：内无得于己，外无传于人。

未：

宜：厚德载物，以柔克刚。

宜：不据己功，不夺天功。

忌：功高震主，张扬显美。

申：

宜：忍辱负重，胸襟博大。

宜：遵循原则，以不争为争。

忌：据理显力，得理不让。

酉：

宜：出和雅音，善言喜悦。

宜：先民之劳而劳，而使民不辞；先民之难而难，使民不计得失。

忌：吹毛求疵，荣贵自恃。

二、地支与十二属相(生肖)的对应关系

地支	子	丑	寅	卯	辰	巳	午	未	申	酉	戌	亥
属相	鼠	牛	虎	兔	龙	蛇	马	羊	猴	鸡	狗	猪

三、地支与月份、时辰的对应关系

地支	寅	卯	辰	巳	午	未	申	酉	戌	亥	子	丑
月份	正月	二月	三月	四月	五月	六月	七月	八月	九月	十月	十一月	十二月
时辰(点)	3—5	5—7	7—9	9—11	11—13	13—15	15—17	17—19	19—21	21—23	23—1	1—3

四、地支与方位的对应关系

子为正北,丑寅为东北,卯为正东,辰巳为东南,午为正南,未申为西南,酉为正西,亥戌为西北。

见图7 九宫方位图所示：

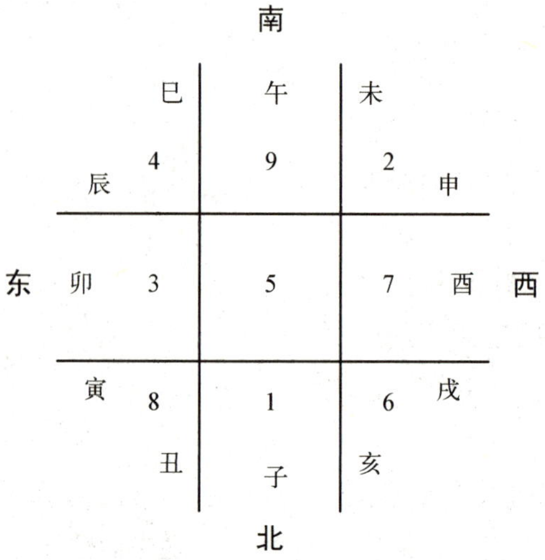

```
              南
      ┌────┬────┬────┐
      │ 巳 │ 午 │ 未 │
      │  4 │  9 │  2 │
      │ 辰 │    │ 申 │
      ├────┼────┼────┤
   东 │ 卯 │    │ 酉 │ 西
      │  3 │  5 │  7 │
      ├────┼────┼────┤
      │ 寅 │    │ 戌 │
      │  8 │  1 │  6 │
      │ 丑 │ 子 │ 亥 │
      └────┴────┴────┘
              北
```

图7 九宫方位图

古代的方位图一般"天南地北，左东右西"，不同于现代地图的"上北下南，左西右东"。古代的画法有着极其深刻的意义。比如说：一个人的左肩疼，就在辰巳，右肩痛，就在申未，非常的直观。左肩痛表达的是无法适应变化（辰巳）导致的，右肩痛是无法承担压力（未申）导致的。酸痛主要是抒发的问题，刺痛主要是条理的问题。

五、地支六气

地支分六气，也就是十二地支分为六类。同类之间，具有相互帮助的关系。

列表如下：

地支	亥子	寅卯	巳午	申酉	辰丑	戌未
六气	冷气	温气	热气	凉气	湿气	燥气

六、地支藏干和本气

天干清，地支浊，地支有藏干，有本气。

列表如下：

	子	丑	寅	卯	辰	巳	午	未	申	酉	戌	亥
藏干	癸	己辛癸	甲丙戊	乙	戊乙癸	丙庚戊	丁己	己乙丁	庚壬戊	辛	戊丁辛	壬甲
本气	癸	己	甲	乙	戊	丙	丁	己	庚	辛	戊	壬

地支藏干歌诀（古代流传）

子宫癸水在其中，丑中癸辛己土同；

寅宫甲木和丙戊，卯宫乙木独相逢；

辰有乙木与戊癸，巳中庚金丙戊从；

午中丁火并己土，未宫乙己共宗；

申位庚金壬水戊，酉宫辛金自丰隆；

戌宫辛金及丁戊,亥藏壬甲是真踪。

七、地支类象(收集摘录,供参考)

子象：五行属水,为阳水,位居北方。
　　从地理类象来看,湖泊、池塘等；
　　从人物类象来看,妇女、孩童等；
　　从脏腑器官类象来看,膀胱、耳、肾、血液、女性生殖器等；
　　从器物类象来看,化妆品、簪等；
　　从动植物类象来看,鼠、燕、蝙蝠等；
　　从房屋类象来看,后宫、内室等；
　　从家具类象来看,瓶子、匣子等；
　　从颜色类象来看,黑色、蓝色等。

丑象：五行属土,为阴土,位居东北偏北。
　　从地理类象来看,田园、堤岸、山、苗圃等；
　　从人物类象来看,农民、放牧人、民工等；
　　从脏腑器官类象来看,脾、胃、手等；
　　从器物类象来看,腰带、帽子等；
　　从动植物类象来看,牛、大象、蜈蚣等；
　　从房屋类象来看,祠堂、圣殿等；
　　从家具类象来看,柜子、收纳箱；
　　从颜色类象来看,黄色、土黄色等。

寅象：五行属木,为阳木,位居东北偏东。
　　从地理类象来看,山林、桥梁、风等；
　　从人物类象来看,文书、公门、人、宾客、高学历者、出家人等；
　　从脏腑器官类象来看,肝胆、肢体、须发、毛发等；
　　从器物类象来看,桌椅、木器、手帕等；
　　从动植物类象来看,狮、虎、豹、猫、树等；
　　从房屋类象来看,高楼、牌坊、客馆、山房、草房、茅舍等；
　　从家具类象来看,箱子、柜子等；

从颜色类象来看,青色、绿色等。

卯象：五行属木,为阴木,位居东方。

从地理类象来看,林木、桥梁、竹林等；

从人物类象来看,车夫、船夫等；

从脏腑器官类象来看,肝、手指、足等；

从器物类象来看,木器、笙、笛、电线等；

从动植物类象来看,兔、狐狸、驴、骡、花草、藤萝等；

从房屋类象来看,行营、船厂等；

从家具类象来看,床、椅子等；

从颜色类象来看,青色、绿色等。

辰象：五行属土,为阳土,位居东南偏东方向。

从地理类象来看,山岭、坟墓、海滩、水库等；

从人物类象来看,渔民、军人等；

从脏腑器官类象来看,胃、肩、胸部等；

从器物类象来看,量器、米尺、筛网、皮毛等；

从动植物类象来看,龙、鱼虾、鳖等；

从房屋类象来看,天牢、寺观等；

从家具类象来看,碾碓、缸瓮、盆等；

从颜色类象来看,黄色。

巳象：五行属火,为阴火,位居东南偏南方向。

从地理类象来看,砖瓦、砖窑等；

从人物类象来看,妇女、科研人员、演讲者、画家、厨师等；

从脏腑器官类象来看,心、面、心胞络、三焦、咽喉、嘴巴、斑点、齿、肠道等；

从器物类象来看,扇、弓弩、毛笔、文学、诗赋、电脑、手机、电视机等；

从动植物类象来看,蛇蟒、蝈蝈、蝉、蚯蚓等；

从房屋类象来看,炉、灶等；

从室内类象来看,火炉等；

从颜色类象来看,红色、橙色等。

午象:五行属火,为阳火,位居南方。
从地理类象来看,市井、太阳;
从人物类象来看,马夫、娼妇、僧巫;
从脏腑器官类象来看,心、眼睛、小肠;
从器物类象来看,文书、文章、书画、旌旗、信息、弱电、电器等;
从动植物类象来看,马、鹿、獐;
从房屋类象来看,大堂、马厩、命馆、书斋;
从家具类象来看,衣架;
从颜色类象来看,红色。

未象:五行属土,为阴土,位居西南偏南。
从地理类象来看,平原、花园、村寨、井、陷阱;
从人物类象来看,医生、药剂师;
从脏腑器官类象来看,脾、脊梁、肌肉;
从器物类象来看,餐具、布匹;
从动植物类象来看,羊、雁、鹰;
从房屋类象来看,酒店、茶房、典当、仓库;
从室内类象来看,院子;
从颜色类象来看,黄色。

申象:五行属金,为阳金,位居西南偏西。
从地理类象来看,道路、驿站、祠庙、城市;
从人物类象来看,僧、老板、巫医、屠户、银匠、铁匠、行人、兵卒、金石匠;
从脏腑器官类象来看,大肠、经络、骨骼;
从器物类象来看,碾磨、刀具;
从动植物类象来看,猿猴、猩猩;
从房屋类象来看,碾坊、磨房、递铺、旅店;
从室内类象来看,佛堂;
从颜色类象来看,白色、金色、银色。

酉象：五行属金,为阴金,位居西方。
　　从地理类象来看,岗城、街巷;
　　从人物类象来看,少女、婢妾、娼妓;
　　从脏腑器官类象来看,肺、精血、骨;
　　从器物类象来看,金银珠宝、玉器;
　　从动植物类象来看,鸡、鸭、鹅、凤凰;
　　从房屋类象来看,金店;
　　从家具类象来看,小板凳、剑、刀;
　　从颜色类象来看,白色、金色、银色。

戌象：五行属土,为阳土,位居西北偏西。
　　从地理类象来看,田垄、山丘;
　　从人物类象来看,军人、士兵、强盗;
　　从脏腑器官类象来看,胃、命门、腿足;
　　从器物类象来看,盔甲、印章;
　　从动植物类象来看,狗、狼、獾;
　　从房屋类象来看,寺庙、佛堂、禅房、营房、牢房、网吧、机房;
　　从家具类象来看,瓮;
　　从颜色类象来看,黄色。

亥象：五行属水,为阴水,位居西北偏北。
　　从地理类象来看,江河;
　　从人物类象来看,医生;
　　从脏腑器官类象来看,肾脏、头部、血液;
　　从器物类象来看,图画、雨具;
　　从动植物类象来看,猪、熊;
　　从房屋类象来看,道观、戏院、楼阁;
　　从家具类象来看,帐布;
　　从颜色类象来看,黑色。

　　注:以上类象选择古代书籍,也参考了九宫八卦的类象定义,仅供参考。不必执著于文字的概念。在阴阳五行的现象世界里,没有绝对

的概念,只要相对的关系。一个外籍的中文老师,在他的备课笔记中有一段关于"东西"的解释。他说:中国人说的东西,第一种解释为方向,但更多的时候是一个具体的物质。比如说:桌子、椅子、书本等等。如果是有生命的个体就不能用东西来形容。比如说:我就不是东西。

第四节　天干与地支的关系

一、禄

禄是日干在地支的称呼,是天干与地支的对应关系。列表如下:

天　干	甲	乙	丙戊	丁己	庚	辛	壬	癸
地支(禄)	寅	卯	巳	午	申	酉	亥	子
五　行	木		火土		金		水	

天干在地支中的禄,是古代的一种术语。比如天干的甲木,在地支禄是寅木,这个地支寅被称为甲的禄。如果在一个时间局中,地支没有禄,但天干有两个甲时,局部看是两个甲,整体看一甲也可以当成另一甲的禄。

禄是天干在地支的根,也是天干在地支的行权表现。如果甲是一种思想,寅就是身体行为。

地支中辰戌丑未不以禄论,以墓库论。

二、羊刃(阳刃)

羊刃只有阳干有,阴干没有羊刃。

列表如下:

天　干	甲	丙	戊	庚	壬
地支(羊刃)	卯	午	午	酉	子
天干(羊刃)	乙	丁	己	辛	癸
五　行	木	火	土	金	水

羊刃是劫财的一种，但比劫财之心性更过了一步。甲见寅是一种比肩关系，代表一种思想或者行为尺度，甲见卯就是比正常更进一步的意思。应该吵架的变成了打架，应该努力的变成了超努力等等。一般书籍中认为，甲见卯是羊刃，但见乙为劫财。但本书认为，甲见乙也是一种羊刃的变形。

三、墓库

一般大家听到墓库都会觉得不好，主要是因为有个墓字。其实墓库，不决定吉凶，需与天干地支结合，才能定其意义。墓库既有墓的意思，但也有库的意思，我们需要全面理解。墓库的作用主要有收藏、约束、限制自由、关闭、管理、结束、藏匿等等意思。

在时间局中遇到墓库，在判断不同事情时，墓库的含义是不同的。比如，当我们在论财的时候，可以当钱包、保险柜、银行等来看；当我们在论病的时候，可以当住院、入院等来看；论孩子的时候，可以当学校来看等等。诸如此类还可以列举很多，关键看这个墓库在原局中所起的作用。

所以，墓库的象一定是与天干、地支、十神匹配才有意义，如，羊刃库可理解成军团或营地；伤官、食神库可以理解成寺庙和学校；财库可理解成银行；官杀（煞）库可理解成权力中心或组织部门。凡是同性五行多当库来看，少而受伤以墓论。

辰，湿土，又称水库，其性湿润，其质疏松；

戌，燥土，又称火库，其性干燥；

未，燥土，又称木库，其性炎燥；

丑，湿土，又称金库，其性湿润，其质粘稠。

第五节　地支的六合　六冲

一、地支六合

子丑合土、寅亥合木、卯戌合火、辰酉合金、巳申合水，午未合土。

地支六合本质是地球自转形成的,是地球自西向东转的结果。

六合见图8:

六合是自然形成的关系,十分密切,像夫妻关系及紧密的合作关系。

图8 五行六合

二、地支六合论

五行六合,阴阳互惠。常见于人情往来。如主客之礼,父子之亲,夫妻之爱,朋友之信。

午未合:火土相合。午为将星,需以财物酬有功;未为木库,需以诚信得支持。故午未之合,在于上有信任,下有呼应;柔进上行,百事更新。局中之人,如能聪明睿智,却似若不明,示之以弱,乘之以强,则易得人心。

辰酉合:龙凤相遇,自然契合,相见以诚,相交以信。辰中乙木,见金有折,白璧微暇。故辰之为人,不可行过于恭,用过于俭;酉之处事,需适当节制和调摄。如此共处,合力图存,方能虚益之以实,精孕之以诚。

寅亥合:水木相生,对物育时,吐故纳新,日新共德。寅中丙戊,见水有伤,故善者,心诚而能虚,财聚而能散,不以一己之私,谋天下之利。

巳申合:火金合水非易事。申,随人易诡,随世易流,故需明利害。巳,慎取金,不拘持,不因循。在敬业乐群,和衷共济时,要择善固执,广施诚信。在入居以内,夫子无法兼得时,需刚而下柔,降尊屈贵。

卯戌合:木见火库,春分而出。至诚育物,尽其性以尽人物之性,贯万事而心满意得。唯戌含辛金,卯见冤伤。忌用智解,越解越灾。何以息争,不辩!何以止息,不争!若病,静养痊愈。

子丑合:水见金库,物之始生,冬至一阳,虽先知先觉,然湿寒稚幼,端本为急,修身自养以得友助,遇险自返以从贵人。丑土金库,欲去闭求明,冰释其惑,需以榜样渐进。子水柔媚,宜取妻生子,忌沉醉征色。

三、地支六冲

子午相冲、丑未相冲、寅申相冲、卯酉相冲、辰戌相冲、巳亥相冲。

冲就是矛盾，可以是思想上的对立，也可以是力量上的相互排斥，当然也可以是空间上的对立。

冲的结果，一般可以分为冲战，冲动，冲倒三类。可以这样理解：两人不合，打起来了，势均力敌时，两人开打，为冲战；打不过要么找人帮忙，要么就是逃，有地方逃时，为冲动；没有地方逃，又打不过，为冲倒。

图9 地支六冲

冲的主客关系，一般金水为主动，木火为被动。

一般的命理学认为，冲战的成败主要看力量，力量主要看两方面，一方面看是否当令，另一方面看是否有帮扶。在兵法中还要看时机和策略，比如一方强大是因为数量多，则可以将这个强大诱开，然后逐个击破。

四、冲战论

五行一般天干言克，地支论冲战。

故天干甲戊，乙己，丙庚，丁辛，戊壬，己癸，庚甲，辛乙，壬丙，癸丁一般论克。然天干是表，地支为里，表由里生，故天干之克需以地支决定。

地支冲战为子午，卯酉，寅申，巳亥，辰戌，丑未。按合局论分为将之战，臣之战，众之战。将之战（子午、卯酉）在其气；臣之战（寅申、巳亥）在其利；众之战（辰戌、丑未）在其地。

战局先看天时，次看地利，再看生助，最后看多寡。得令者得天时，得根者得地利，得生者得助，比劫者看多寡。

战局的主客，一般以子、酉、申、亥、辰、丑为主动方，午、卯、寅、巳、未、戌为被动方。

战局的原则,将星逢冲,宜伤,有合可养。臣逢冲,宜动,有合则合。众之逢冲,宜开库,一般论多。

第六节　地支的三合　三会

一、地支三合

申子辰合成水局、亥卯未合成木局、寅午戌合成火局、巳酉丑合成金局。

申子、子辰;亥卯、卯未;寅午、午戌;巳酉、丑酉称为半合局。

三合是长生、帝旺、墓库之合。

申子辰合水局　　　　　　　亥卯未合木局

寅午戌合火局　　　　　　　巳酉丑合金局

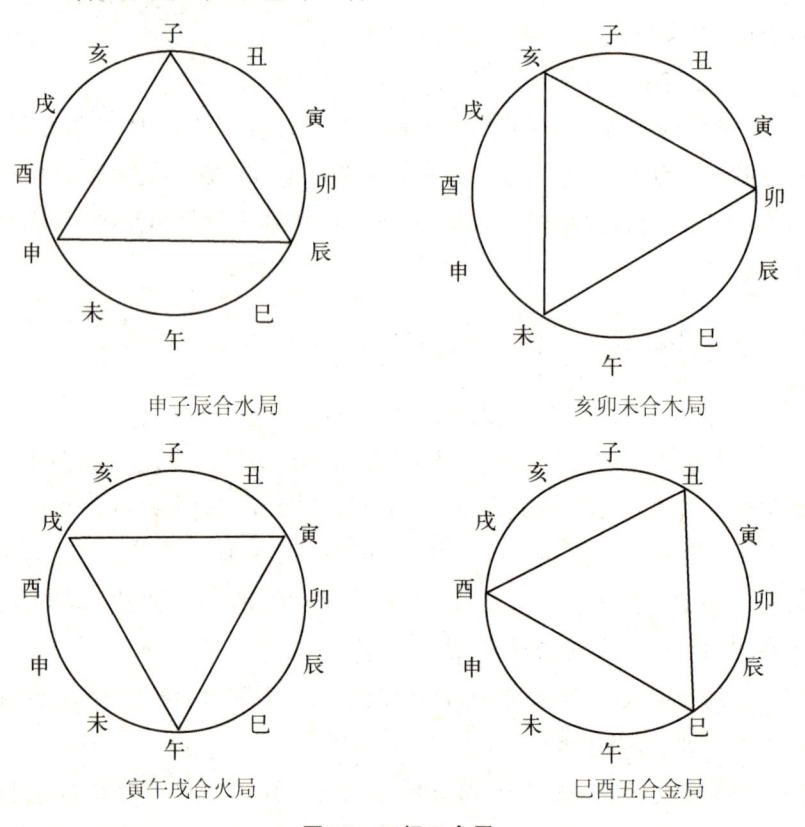

图10　五行三合局

三合局中,如果只有两个为半合,但必须有一个是将星,比如水局中,子辰合称为墓地半合;子申局称为生地半合。如果没有将星只有辰和申,称为拱合。

一个合局在生活中就是一个组织、一个团队的概念。在太极的圆中,三个点可以构成一个面。

金木水火四个三合局的组织构架是不相同的,首先将星子午卯酉的基本特点不同,其次生他的寅申巳亥也是不同的。

二、三人同心可以建国

五行学中的三,常常是多的意思。因为道生一,一生二,二生三,三生万物。

笔者有个学生问我,不孝有三,无后为大。另两个不孝是什么?其实三是很多的意思,不是实指三个。

五行学的三合局,在太极圈中是一个等边三角形。

我们知道,任何一个组织的组成要素有五条:目标、领袖、干部、群众、纪律。英明伟大的领袖,精明干练的干部,忠实坚贞的群众,顺应时代的目标,铁一般的纪律是成功的必要条件。

三合局中,子午卯酉是领袖,是将星。寅申巳亥是干部。辰戌丑未是群众。

三合局本身的五行属性是目标,是信仰,是追求。

五行学的基本定律是纪律。

子午卯酉之所以为将星,是本气专一,立场坚定。这是领袖的基本素质。

寅申巳亥之所以为干部,是因其为辅助五行将星的本气。

辰戌丑未之所以为群众,是因其为五行的库,是多的意思。

将星之间的关系,金水可以合作,木火可以合伙。

三、将星论

笔者参看了古代历史和兵法,将自己的体会和心得总结如下:

子午卯酉为将星,将星只有在其合局时才是将星。一般情况下,以金木水火土来论。也就是将星只有在其为将星时才是将星。将星的特点就是中正而气专。所以将星行事必须名正言顺,持之以恒。将星处事的基本原则如下:

1. 将星的首要之责在于安定和从容。定能生安,安能守恒,恒能稳局。

2. 知人者为人主,知事者为人臣。

3. 保持静定不参与,无论是讨论还是争辩。争而胜非善之善者,不争而解人纷争,善之善。

4. 以人臣之耳听局中之声,以人臣之眼望局中之事,需培养耳目。

5. 奖励贵在诚信,惩罚贵在公正。在惩罚过程中,有功之臣不应以除之而除之,应纵之而后乘之。

6. 成事在于阴,显事在于阳。做事前要寂然平静,事后才可以显像。

7. 贵在制人,而不是被人制。要制人必须先知人,不能知人则易被人制;被制之人,命运就会被他人掌控。

8. 将星借势用势,人臣用智用力。

9. 将星出手的原则:见事可为之,则自为。见事之不可,则所以为人。

10. 将星的举止在于中正,不在道德。

四、地支三会

亥子丑水局、寅卯辰木局、巳午未火局、申酉戌金局

亥子、寅卯、巳午、申酉称为半会局。具体示意见图11:

三会不同于三合。三会局的方向比较明确,将星依然是子午卯酉,但等级的概念没有三合局强,组织构架的严谨也不如三合局。

在三会局中需要注意的是,亥子丑局藏着子丑六合;巳午未局藏着午未六

图11 五行三会局

合;寅卯辰局有着卯辰穿害的伏笔;申酉戌局有酉戌穿害的伏笔。

第七节 害 刑

一、地支六害(穿)

子未相害、丑午相害、寅巳相害、卯辰相害、申亥相害、酉戌相害,共六种相害,称"六害(穿)"。

地支相害关系图如右:

穿害的形成主要是因为合、冲导致的。也就是古人说的,恩生于害,害生于恩,无恩也无害。

子未:本来是土克水关系,未管着子。当午这个子的对头和未好时,混合双打欺负子水。同理,子见到丑来了,就反抗未。

图 12 地支相害(穿)

丑午:本来是午火生丑土,两个人关系还不错。但丑子合时,午不高兴,嫉妒。同理,午未合时,丑不高兴,嫉恨。

寅巳:本来是木生火的关系。当寅合亥,巳不舒服;巳合申时,寅不舒服。

申亥:本来是金生水的关系。当申合巳,亥不高兴了;亥合寅,申不高兴了。

酉戌:本来是土生金的关系。当酉合辰,戌恨死了;戌合卯,酉恨死了。

卯辰:本来是木克土的关系,卯管辰。当辰合酉时,就是哪里有压迫哪里有反抗的意思;当卯戌合时,混合双打欺负辰。

二、穿害论

笔者针对六种穿害的特点,专题撰写了感悟到的解决策略供读者参考。

伤于外者,必起于内;人之相害,始于相合;由合反害,由害转合。故逢合论害,无合论生克。

1. 未子：在彼此互伤之时,在物阻难解之际,以正顺治变动,最忌违反常识。未土行权需名正言顺,若见午火,可以行险。子欲返穿,需借势于丑,时机未至,宜缓,时机已至,宜速。当动不动,徘徊迟顾,受制如初。

2. 午丑：有实而加饰则可以利,文太繁则灭其质,华太盛则伤其根,见险以动,见善以迁。午火未库,过于华丽,宜导致他人误解讥讽。丑欲得午,当知贤者宜诚求,不宜货取。意外险阻,可出外避祸。反思反省,若能内不失己,外不失人,可获意外殊利。

3. 申亥：给予之道在于时机,待其所急而予之,顺其所需而付之。天下之难起于争,争以止为善。亥藏甲木,申藏戊土,见寅埋怨指责,见巳出言不逊。苟能听上而无非份之求,则善之善。不争于毁誉,不挟于喜怒,以诚感人,戒惧怨毒可失势不危。

4. 卯辰：见善则迁,有过能改。感恩上天,行惠于人,则能日进无疆,走出此害。动静之间,进退之际,宜顺随天恩,杂而有恒。忌未行先言,出尔反尔。若能多行公益,勤于耕播,必有吉祥。

5. 酉戌：遵循礼仪,分清尊卑,明了上下,小心翼翼则无灾。出和雅音,广施恩德,遇事宜周旋其中,而不居己功,则诋毁消,猜忌亡。据理论理,多受大人掣肘,委屈疾呼,于事无补反添灾祸。

6. 寅巳：内事忙乱因利,外事阻隔因势,内利宜变通,外势宜冒险。遇顺则行,遇止则停;顺则沉着应事,停则自得其乐。徐图缓进,必有收获,急则悔。为人处事宜继承,忌革新;不得不为之,也当高尚其人后,废其法,不废其事。

在生活中,穿害常常伴随着委屈,因为有一个看不见、想不到的原因导致的。假如你莫名其妙地受到冷遇或者指责,多数情况下是被穿害了。例如：有一年过年,有一媳妇莫名其妙地发现婆婆给自己脸色看,觉得很委屈,向笔者诉苦。我告诉她,你直接先承认自己不对,说明自己不清楚原因,然后问婆婆,就会明白问题出在什么地方。术语就是将穿害改为冲战,然后六合。她照做后,告诉我:婆婆说有个亲戚过年送了瓶酒给她,她以为我收了,实际是我帮她放好了。真是冤,如果不问清楚,恐怕几年后她还记得这事呢。

三、地支三刑

1. 寅巳申三刑:寅刑巳、巳刑申、申刑寅

寅巳申三刑,寅巳申全,论三刑。

巳申以和论,详见六合。申寅以冲论,详见六冲。

寅巳有穿害的意思,不是正面的冲,是侧面的攻击。

可以这样理解:巳申论合,欢喜冤家。申寅论冲,就是相战。

2. 丑未戌三刑:丑刑戌、未刑戌、戌刑丑

图 13　五行相刑

丑未戌三刑、三者全论三刑,也称三刑逢冲,因为里面有丑未冲战。

刑的关系,是次面的矛盾,是干扰,袭击。因此刑有时也是动,有你干扰我就走的意思。

戌刑未,有袭击、长途袭击的含义。丑刑戌,有邻近干扰的意思。

三刑逢冲,是正面、侧面一起进攻。刑最大的特点是将墓库中的物质释放出来。可以这样理解:就是库里的群众在闹事。闹的结果,有可能好,有可能不好,具体看天干闹的是什么事。

3. 三刑修养论

古人说:君子刑贵,小人刑祸。也就是不同的修养会导致不同的人生。笔者就这个问题思索了很久,经过很多时空局的分析后,将自己的体会和读者分享一下。

命理学中,寅巳申三刑多论灾祸。因为寅巳穿害,寅申相冲。在各

种排列组合中，无论是寅申巳，寅巳申，申巳寅还是申寅巳，寅木始终是受伤的。在五行学中，寅木最大的力量在于仁慈，也就是善的力量。但命理学中的结论似乎是：人善被人欺，马善被人骑。

大多数人都忙着在自己的时空局里演出，而忘了别人也在自己的电影中充当明星。比如说：当寅遇到申的时候，两人呈现一种对立，可以是行为的对立，也可以是立场的对立。寅木要成功，必然想生火克金，这种想法是以自我为中心的主角想法。但是巳火本身和申的关系是吵闹中的要好，如果寅木自以为是，在被申冲克的同时还会被巳火穿害。如果，寅木让巳火为中心主角，自己当配角，那么巳火一方面可以得到寅的帮助，另一方面可以去合化申金得到好处。这样三刑就被解掉了，解决后的结果，是巳申合化为水，生寅木。这就是善的力量。笔者认为善不是一种天真和率直，而是一种智慧的力量。这种智慧让我们知道**，当你愿意做配角看世界的时候，你会更客观；当你不在乎功劳的时候，成就会最大。**

丑未戌三刑，古人称持势之刑。所谓的势就是库，代表多。命理学中也多论灾祸。五行学中说的"势"，在生活中，就是你的资源。比如：人脉，关系，背景等等。这需要用冲和刑来打开的。所谓冲，就是需要用对立面的困难、压力、挑战或者说是你的敌人，才能充分地打开这些资源。所谓刑，就是侧面的因素打开这些资源。因此刑就是当你愿意将自己的资源和别人分享的时候，你会得到更多的资源。当你执著于自己资源的时候，你就会仗势欺人或者被人欺。笔者用两个故事让读者体会一下。

未戌刑。《三国演义》中，张松想将易守难攻的四川献给曹操，然后得到曹操的保护。这是典型的未库刑戌库。然而曹操却仗着自己的兵马骄横地想镇住张松。这是典型的用戌里的辛金克未里的乙木。这样，逼迫张松用未中的丁火。最后被刑的张松将四川献给了刘备。

丑戌刑。两个小贩，一个卖冰激凌（丑），生意很好，最后没有了碗，不能再卖了。另一个卖薄饼（戌），生意不好。当戌看到丑需要帮助的时候，就说，天气太热，我的饼卖不掉会坏的，不如你用我的饼包冰激凌卖吧。结果,两个小贩创建了世界上第一份卷筒冰激凌,两个人都获得了利益。这个案例说明,丑未戌三刑,并不是一个零和游戏,你赢,他人就会输;他人赢,你就会输。而是你用自己的资源帮助他人得到饼,你会得到更大的饼。

四、子卯刑

子水是生卯木的,但是子水是将星,有着自己的原则和方向;卯是受生的,但也有着自己的主张和理念。子生卯的过程中就会产生刑的概念。特别是介入了午火或者酉金的时候。

五、自刑

辰见辰、午见午、酉见酉、亥见亥是自刑,是自己和自己过不去,也叫伏吟。在相同的时空有两种难下决定的选择。

六、反吟　伏吟

地支相同的字为伏吟,天干相同的字为反吟。古代命理书上说:反吟伏吟泪哭淋淋。我们五行对反吟伏吟的理解是:在相同的时间和空间里出现的一种选择。反吟主要体现在决定,伏吟主要体现在选择。以下是笔者的感悟。

人生每一次重要的抉择,都像去开启一扇未知的门。周围每个想帮助你的人,都会给你一把他们认为可以开启的钥匙,这一大把钥匙中,只有一把是对的,并且开启的机会也只有一次。在极端情况下,你甚至会发现,周围的人给你的所有钥匙没有一把是对的,这时候你还是需要做出抉择。如果你抉择对了,那么功劳成绩需和大家一起分享,特别是提供给你钥匙的人;如果你抉择错了,后果将由你一人承受。当你的知识和逻辑无法为此做出判断时,此时你需要问你的心而不是头脑,用你的直觉而不是知识。

在这条来了又去了的人生路上,很多人输就输在天真地认为一切可以重来,天真地认为这把打不开,可以换一把。然而事实是等待你的机会只有一次,当你在有效时间内止步不前时,你就会失去它,不是暂时,是永远地失去它。

一个人每当面临重要抉择时,总是会犹豫,在犹豫中希望找到一个可以推卸责任的理由。于是义务来了,责任来了,压力来了,所有世情中的牵绊都会带着不同的面具一起到来。

当理解了五行学中的反吟伏吟后,你会明白在人生的每个岔口,都需静下心来。无论你选择哪一个,都会有另一个事件或者人物与你背道而驰。因为在生命的这场游戏中,你的选择机会只有一次。

一般的人鉴于安全感的需要,鉴于自我心理和行为模型的习惯,在面对机会的时候,常会感到不自在,有回归常规的心理需求,同时也有着对新机会的好奇和渴望,这时候就会出现进进退退的犹豫,上上下下的起伏。要知道,已经过去的,你已经无能为力了,但此刻还可以把握,期盼,经营。

第八节　地支暗合　破

一、地支暗合

午亥暗合、寅丑暗合、申卯暗合,此为常见的三种暗合,不是常用的,不在本书介绍。

三种暗合的主要区别是:卯申是一对多,午亥是两对两,寅丑是多对多。在生活中的暗合,比如做公司,可能需要借资质;住房,只有使用权,没有所有权;没有结婚证书的同居或者婚外恋等等。

二、暗合论

终而又始,始而又终;不合不偶;悦于内,穷于外;待时后复。暗合多限于当下而遗身后,或因财物,或因情境。初入局,所失甚小;若有守有为,则不失其中。已建之局,像位不当,不可涉越,否则内外不合必困于其中。若逢大局,能明其性,可得其功,入居而宜其立,可得其利。事之成败,行之功罪,皆有自己,无悔无怨能得星月之朗,秋月之明。遇数之所终,当尽人顺天,当和合来,离和合去。

三、地支之破

金水一派,木火一派。破是这两派中的将星与将星之间的不和谐。酉和子,卯和午,谁也不服谁。破有破损、残缺的意思。见图14:

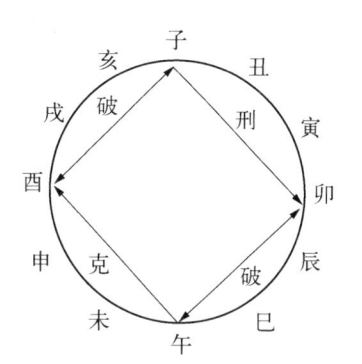

图14 五行相破

四、地支同宫

根据五行学的理论,时间局里的所有字和字之间应该都有关系。笔者发现戌和亥、未和申、辰和巳、丑和寅在一起的时候,它们是有着共同的信息,却很难描述。

经过长时间的思索,笔者认为这种关系是介于友谊、亲情和爱情之间的情感。男人和男人之间是一种比亲兄弟更铁的哥们关系;女人和女人之间也是一种比姐妹更好的闺中密友的关系;男人和女人之间就非常难把握。如果说爱人之间的关系是同床,那么这种关系应该是同宫的关系。

什么是同宫关系呢?

当你受到伤害的时候,你第一时间会想起他(她),总觉得有许多话不能告诉自己的爱人,不能告诉自己最亲近的女(男)友,但却可以向他(她)倾诉,总希望能得到他(她)的呵护,却不想为他(她)去爱、去恨、去折磨自己。而这个男人(女人)也许平时不怎么挂念你,却(总)能在你出现的时候,为你的每一滴眼泪而心疼。

在黑夜,你很想跨越现实的种种限制,可是见到他(她)的时候,你会对自己说这没有可能,却怎么也不想放手。在白天,你有时候很想对他(她)表白,但却害怕这样会失去最知心的朋友。

这种从没有承诺的关系没有责任在其中,但是你却总觉得很渴望去承担什么。

在判断上：戌亥在一起相互鼓励；未申在一起相互尊敬；辰巳在一起相互启发；丑寅在一起相互陪伴。只不过丑寅的关系有时候会因为寂寞而跨一步再停下来。

第三章　时　间　局

五行学技法是为了解释时间和空间的象数而产生的有为法,是建立在祖宗的五行学基础知识上的方法论,不是事实的本相,是为了解释的解释,可以意会,无法言传。

第一节　时间局构架

一、时间局的定义

时间局有年、月、日、时四个组成部分。其中,"年"是由地球围绕太阳公转一圈形成的;"月"是由月亮围绕地球公转一圈形成的;"日"是由地球自转一圈形成的;"时"是地球自转时和太阳或者月亮的角度形成的。

二、时间局的表达格式

时间局中,乾为男性,坤为女性

1. 第一种表达格式

乾(坤)　年干　月干　日干　时干
　　　　年支　月支　日支　时支

如：乾　癸　甲　丁　甲
　　　巳　子　酉　辰

2. 第二种表达格式

乾(坤)　年干年支　月干月支　日干日支　时干时支

如：乾　癸巳　　甲子　　丁酉　　甲辰

三、时间局表达的主要内容

	年干	年支	月干	月支	日干	日支	时干	时支
自然表现	地球绕太阳一圈		月亮绕地球一圈		地球自转一圈		地球与太阳或者月亮的角度	
时间历程	早年、古代		青年、近代		中年、现代		晚年、后代	
时间范围	童年、少年		青年		中年		晚年	
空间内外	家外、外事				家内、内事			
空间远近	遥远		次远		无	至近	次近	
大　小	最大		次大		相同		小	

四、局中的我和局外的我

第一人称视界中的"我"是局中的我,第三人称视界中的"我"是局外的我。当两个视界统一的时候,我就是我。当两个人称视界的我不一致的时候,两个我就会冲突和矛盾,陷入痛苦和纠结。

第一人称视界的我说:

为什么,我不能做到生命中想要做的人物?在很多的时候,我常常在扮演一个连我自己都不是太喜欢的角色。我的生命中一直有一种渴望,一种声音,一种呼喊:让我做自己吧,让我以后的人生能真正做一次自己吧。我仰望苍穹,有一股一发不可抑制的热泪。为什么,我无法挣脱那安排好的并不喜欢的长路?为什么,我害怕自己的语言和行为,他人无法理解和接受?为什么,不能拥有坚持自己的原则,又能让公众接受的胸怀;为什么,不能拥有得罪他人的勇气,而实际并没有得罪什么人的智慧?到底是什么在捆绑着我?

第三人称视界的我说:

在生命悠长的的等待中,父母,亲人,丈夫,妻子,孩子,朋友,同事等等相互生克关系决定了我的人生方向。我迷失在这网一样复杂的关系中,始终努力地平衡所有的关系。随着时间的流逝,回头看,才发现当我放弃了自我,以他人的好恶来定义自己的人生时,既没有让自己喜悦,也没有让他人满意。因为当我在我不在的位置上,我已经不是我了。

局中的我是天时的我，局外的我是天时、地利、人和的我。天能生人，却不能治人，地能载人却不能辨人。人在天地中，自有自己独特的位置。天时的我，是一种规律；地利的我，是一种选择；人和的我，是一种修养。三个我都是我，是三位一体的我。因此，人生是一种定数，是一种选择，也是一种修养。

学习时间局的根本目的，就是为了了解人生的规律，接受那些无法改变的定数。学习空间局的根本目的，就是为了选择人生，让自己知道进退得失，吉凶祸福。

一个人强的地方，应该用第一人称视界来看世界：自信，努力，坚持。

一个人弱的地方，应该用第三人称视界来看世界：自省，忍让，谦恭。

第二节　时间局的专业知识

一、二十四节气

节气产生于我国古代，它反映了地球绕太阳公转时，地球上春夏秋冬四季的变化。节气反映了农时季节，在农村家喻户晓。随着中国古历外传，华侨足迹所到之处，节气也广为流传。节气是根据太阳在星空间运动的视觉位置来决定的。节气也叫二十四节气，是相间排列的十二个中气和十二个节气的统称。

1. 四柱地支与节气之关系列表

月令	节气	黄经	月令	节气	黄经	月令	节气	黄经
寅	立春	315度	午	芒种	75度	戌	寒露	195度
寅	雨水	330度	午	夏至	90度	戌	霜降	210度
卯	惊蛰	345度	未	小暑	105度	亥	立冬	225度
卯	春分	0度	未	大暑	120度	亥	小雪	240度
辰	清明	15度	申	立秋	135度	子	大雪	255度
辰	谷雨	30度	申	处暑	150度	子	冬至	270度
巳	立夏	45度	酉	白露	165度	丑	小寒	285度
巳	小满	60度	酉	秋分	180度	丑	大寒	300度

立春：每年公历 2 月 4 日前后为立春。中国习惯把它作为春季开始的节气。

雨水：每年公历 2 月 19 日前后为雨水。此时农村开始备耕生产。

惊蛰：每年公历 3 月 6 日前后为惊蛰。"过了惊蛰节，春耕不停歇。"北方进入惊蛰，春耕大忙便开始了。

春分：每年公历 3 月 21 日前后为春分。此时太阳到达黄径 0°，阳光直照赤道，南北半球的阳光平均，所以昼夜几乎等长。

清明：每年公历 4 月 5 日前后为清明。此时中国黄河流域及大部地区的气温开始升高，雨量增多。春暖花开，天空清澈明朗，正是春游踏青的好时节。另流行扫墓活动。

谷雨：每年公历 4 月 20 日前后为谷雨。"雨生百谷"道出了谷雨节气的由来。谷雨是北方春作物播种、出苗的季节。

立夏：每年公历 5 月 6 日前后为立夏。中国习惯把立夏作为夏季的开始。

小满：每年公历 5 月 21 日前后为小满。顾名思义，小满是指夏收作物子粒将要饱满成熟的意思。小满后，北方各地的小麦就要熟了，而黄淮流域的小麦将开镰收割。

芒种：每年公历 6 月 6 日前后为芒种。芒种表示麦类等有芒作物成熟的季节。

夏至：每年公历 6 月 21 日前后为夏至。夏至表示炎热的夏天已经到来，同时也是一年中白天最长的一天。

小暑：每年公历 7 月 7 日左右为小暑。一般小暑后就要数伏（伏指初伏、中伏和末伏。它是从夏至后第三庚开始的），所以小暑标志着一年最炎热的季节就要到来了。

大暑：每年公历 7 月 23 日前后为大暑。顾名思义，大暑是一年中天气最热的时候。

立秋：每年公历 8 月 8 日前后为立秋。中国习惯上把这一天作为秋季的开始。

处暑：每年公历 8 月 23 日前后为处暑。处暑是反映气温由热向冷变化的节气。

白露：每年公历9月8日前后为白露。白露指气温降低，并出现露水。

秋分：每年公历9月23日前后为秋分。"秋分秋分，日夜平分"。此时阳光直照赤道，昼夜几乎等长。

寒露：每年公历10月8日前后为寒露。寒露一到，华北地区便开始进入深秋，原野一片金黄，是秋游的好时节；而东北地区则呈初冬景象，长江流域及以南地区却仍郁郁葱葱。

霜降：每年公历10月23日或24日为霜降。霜降表示气候渐渐寒冷，北方地区已出现降霜或开始有霜。

立冬：每年公历11月7日前后为立冬。立冬表示冬季开始的节气。这时，黄河中下游地区即将结冰。

小雪：每年公历11月22日前后为小雪。小雪表示已经到了开始下雪的季节。此时，东北、内蒙古、华北北部地区气候寒冷。

大雪：每年公历12月7日前后为大雪。一交大雪，黄河流域的冬小麦进入了休眠期。

冬至：每年公历12月22日前后为冬至。冬至为北半球冬季的开始。这时白昼最短，夜最长。冬至过后便是"数九"了。

小寒：每年公历1月6日前后为小寒。这时正值"三九"前后，中国大部分地区进入严寒时期。

大寒：每年公历1月20日前后为大寒。大寒为中国大部分地区一年中最冷的时期。

2. 节气歌

节气与公历（阳历）有着密切关系。

我国民间流行有"节气歌"一首：

春雨惊春清谷天，夏满芒夏暑相连。

秋处露秋寒霜降，冬雪雪冬小大寒。

3. 十二月令"人元司令"分野表

寅月：立春后，戊土七日，丙火七日，甲木十六日

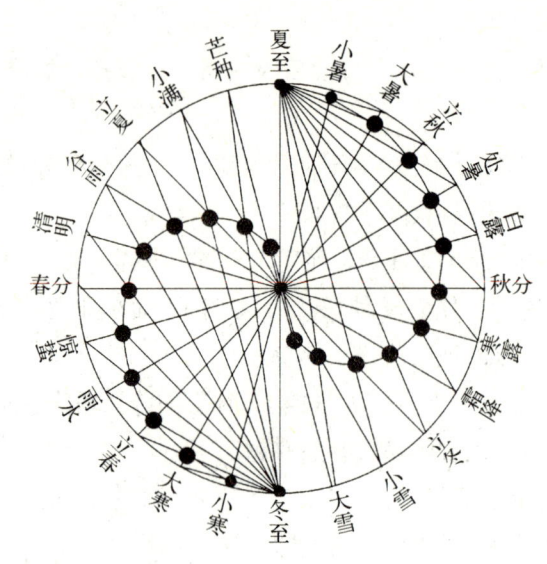

节气：立春 雨水

卯月：惊蛰后，甲木十日，乙木二十日

节气：惊蛰 春分

辰月：清明后，乙木九日，癸水三日，戊土十八日

节气：清明 谷雨

巳月：立夏后，戊土五日，庚金九日，丙火十六日

节气：立夏 小满

午月：芒种后，丙火十日，己土九日，丁火十一日

节气：芒种 夏至

未月：小暑后，丁火九日，乙木三日，己土十八日

节气：小暑 大暑

申月：立秋后，戊土十日，壬水三日，庚金十七日

节气：立秋 处暑

酉月：白露后，庚金十日，辛金二十日

节气：白露 秋分

戌月：寒露后，辛金九日，丁火三日，戊土十八日

节气：寒露 霜降

亥月：立冬后，戊土七日，甲木五日，壬水十八日

节气：立冬 小雪

子月：大雪后，壬水十日，癸水二十日

节气：大雪 冬至

丑月：小寒后，癸水九日，辛金三日，己土十八日

节气：小寒 大寒

二、旺衰　平衡

1. 旺衰

时间局之旺衰根据四个方面判断：得令，得地，得生，得助。

得令。令指月令，月令乃提纲之府，月令是旺衰判断最重要的地方。如：春天木得令，夏天火得令，秋天金得令，冬天水得令。

得地。五行在地支见到同类五行，也叫"得根"。

得生。五行得四柱干、支中的正、偏印之生为"得生"。

得助。五行与四柱其他天干同类为比肩、劫财帮身，此为"得助"。

首先，五行"得令"是判断旺衰的最重要的标准。其次，在"得令"的前提下，"得地"、"得生"或"得助"再占其一，可以肯定是旺，占其二为偏旺，三者都占就为过旺。其三，在不"得令"的前提下，"得地"、"得生"，或"得助"占其二项以上，要有力又多助益，为旺或偏旺。其四，在不"得令"的前提下，"得地"、"得生"或"得助"只占其一项，为偏弱。

戊土、己土比较特殊，在戌月是当令的，在未月也是当令的（戌和未都是燥土）。当戌和未是土的时候，戊己在地支有强支持；戌和未当库看的时候，戌是火库对戊、己土是一种生助，未是木库对戊、己土是一种克泄。戊、己土在辰月和丑月都是不当令的（因为辰和丑都是湿土）。当辰和丑是土的时候，戊、己土在地支有弱支持，当辰和丑当库看的时候，辰是水库对戊、己土是一种耗泄，丑是金库对戊、己土是一种泄耗。

旺衰的判断，很多人会认为这是一种客观的标准，并将这种思想带入时间局和空间局的分析中。在物理层面上确实如此，比如说，旺一般代表空间大、体积大等等；但是到了心理层面，旺衰其实是一种心理量。

当一个事件出现的时候，总是有参与者和客观的环境，这两者之间是相互作用，并且相互决定的。阴阳五行学是一种全息的学问，因此，笔者不认为事物是单纯的唯物或者唯心的。在分析时间局时，你不能单纯地认为财旺就一定钱多，因为财旺衰的结果是有当事人和这个当事人所处的环境共同决定的。如果你和他所处的环境是相同，可以认为财旺就是钱多；如果不是，财旺则是当事人认知中的一种财旺。

2. 平衡

时间局的平衡是指日元的旺衰与其他十神旺衰对比的均衡度。主要用于分析时间局各种元素的对比情况。比如说：一个人的日元很弱，但财星很旺，那么我们可以知道这个人的本身和自己的欲望或者理想是一种失衡状态。

三、主客　虚实

1. 主客

时间局为主，岁运为客；运为主，岁为客；日元为主，他干为客；日柱为主，它柱为客；日时为主，年月为客；被研究对象为主，研究人为客。

主客的关系，主为体，客为用。以主为静，客为动。以客作用主论事。

2. 阴阳主客论

笔者强调原局是第一中的第一，并认为在分析时间局时，最重要的就是体会十神的意向。在理论上，一般人对于预测的观点，都是基于一个主体（人）和客体（客观的条件），这两者相互影响，相互作用。客体是一种客观的存在，作用主体；主体受其影响，并做出决策。

笔者认为，主体的决策并不是基于客体本身，而是基于对客体的自我解释。这样，主体和客体之间就没有了固定的、普遍意义上的预测和解释，只存在一种相互作用、相互影响的关系和模型。

一个事件本身包含了主体和客体。如果说客体作用主体，主体对此做出反应，也就是预判和决策。这是一般意义上的预测理论，也是一种普遍的原则。但这无法解释相同的时间局和即时局多样性的问题。

笔者认为虽然客体可以用一种不以人的意志为转移的方式作用主体,但主体对此反应却是基于对这个客观条件的解释,或者称之为自我认知。不同的时代、不同的地域、不同的教育、不同的信仰,会有认知上的固有偏见。于是主体的行为会根据自己的观点行事,这样就出现了不确定性的一面。因此说命运有着确定性的一面和不确定性的一面。

在不确定性的一面中,主体的偏见来自自我的认知,而认知观察的往往不是事物本身,而是主体的自我情景,因此一般不能当成事实来看。但主体的运作模式却是有一定的规定性,这种规定性就是十神意向。

一般的主体鉴于自我的重要感(太极点一般鉴于生存的需要,往往会定在生命的自我),其认知的不足是天生的,于是对于客观事件的反应也就存在固有的偏见。很多时候这种偏见,对于第三方观察者来说是极其明显的,但对于在事件中的主体来说是很难觉察到的。在实践中,我们往往无法说服当事人的原因多在于此。要想改变就需要重新建立自我的认知,但这种认知建立的前提条件,是必须能认识到自我缺陷和不足是天生的,这就是忏悔。

一个事件由参与的主体和客体两部分构成,如果说主体是人,客体就是客观环境或条件。这两者之间可以相互作用,相互影响,但却不存在逻辑上的对应关系。如果说一定要给两者一个关系,就是岁运和时间局的关系。当你将时间局本身看成静态的,岁运就是动态的。就是说岁运是时间局的一种动态的表达形式,这两者是一,不是二。也就是说人和客观情景之间本身是一,不是二。这就是笔者常说的,你所遇到的一切是你自己的一种动态表达。改变客观的环境可以影响你的认知(比如说风水环境),改变自己的认知(修身养性)也可以影响你的际遇。就极致的情况出现,也就是你对客观情景的理解和认知达到了事实的本真;在没有任何偏见的时候,你就是客观情景本身,客观情境本身也就是你,这就是所谓的天人合一得道的状态。当静态的时间局和动态的时间局表达完全一致的时候,就没有了分别心,也没有了动静观,这就是永恒。我们无法做到顿悟世界的本真,只能慢慢改善自我情景。

方法上有两条途径，一条是基于主体的人，一条是基于客体的环境和条件。基于主体的人常用的方法就是教育信仰；基于客体的环境和条件的就是风水环境。

3. 虚实

实以实解，虚以虚解。可以向实求虚，也可以以虚看实。

对虚实的简单理解是，实为强、为得根；虚为弱、为无根。

五行学中的金木水火土都是有虚、有实。木坐在木上、木坐在水上是实的。木坐在金上、木坐在火上是虚的。在生活中，如果实的财是奖金，则虚的财就是奖状；如果实的财是一种经济能力，则虚的财就是才华；如果实的财是现实欲望，则虚的财就是超现实的理想。读者可以举一反三。

实：甲寅，甲辰，甲子；乙卯，乙未，乙亥；丙寅，丙午，丙戌；丁卯，丁巳，丁未；戊辰，戊午，戊戌；己丑，己巳，己未；庚辰，庚申；辛丑，辛酉；壬子，壬辰，壬申；癸丑，癸酉，癸亥。

虚：甲午，甲申，甲戌；乙丑，乙巳，乙酉；丙子，丙辰，丙申；丁丑，丁酉，丁亥；戊子，戊寅，戊申；己卯，己酉，己亥；庚子，庚寅，庚午，庚戌；辛卯，辛巳，辛未，辛亥；壬寅，壬午，壬戌；癸卯，癸巳，癸未。

所有地支空亡上的天干都属于虚的。说个小故事让大家感觉一下虚与实：

小明在外地读书，妈妈总是隔一段时间写封信给他，小明总是告诉妈妈最好发电子邮件或传真，说这样比较快，也省钱。到了小明生日这天，妈妈总算想通了，在单位给他发了份传真，同时将 100 元钱也传真了过去。妈妈在传真上说：我确实落伍了，这样真的很省钱。

四、内外 远近

1. 内外

在一个时间局中，一般天干为外，地支为内；年月为外，日时为内。

在一个天干地支的结构中，天干是外在表现，地支是本质内涵。具体分析的时候，要明白天干内涵，需要看地支；要明白地支的表达，需要看天干。比如：甲子结构。甲是子水表达出来的甲，子是甲的内涵，甲是子的表现。如果甲子是一对夫妻，丈夫甲木之所以积极乐观，是因为有一个子水的妻子在默默地支持他、帮助他、照顾他。

在一个时间局的结构中，年月为外，日时为内。这个结构中，年是因为地球和太阳的关系形成的，一般指远方的、大的事，当然可以理解为外事。月是因为地球和月亮的关系形成的，一般指次远的、重要的事，也可以理解为外事。日是因地球自转形成的，一般指内事，心里的事。时是日的一个组成部分，指的是具体的事，是对日的进一步表达，一般指日常的事，具体的事。

2. 远近

以日元定远近。

以时间来看，年为远，月为次远，日支最近，时次近。

年支为远，日支为近。

月支为远，月干为近。

时支为远，时干为近。

所有的远近，都是相对比较而言的。远近不但是一种空间的距离，也是一种心理的距离。有的人空间距离很远，但心却很近，因为你心里牵挂着他（她）；有的人空间距离很近，心却很远，因为你的意向不在他（她）。因此实际分析时间局的时候，远的合局比近的冲局，心理上更近。

五、顺逆　显隐

1. 顺逆

阳顺阴逆。五行为阳，以顺为顺；五行为阴，以逆为顺。

阳顺而阴逆是阴阳五行的基本法则。在地球的自转过程中，看得见的顺走，背后看不到的一定是逆走。在太阳升起的时候，月亮一定落下；月亮升起的时候，太阳一定是落下。

在一个时间局的结构中，如果以一年为例，那么春夏木火为阳顺走，秋冬金水为阴逆走。如果以一天为例，那么从子时到午时，是阳顺走，从午时到子时是阴逆走。如果以一生为例，那么一个人从出生到中年是顺走，从中年到死亡是逆走。所以一般孩子、青年人常有梦想、憧憬，喜欢谈未来；而中老年人喜欢回忆，说往事。如果以男人和女人为例，那么男人为阳，喜新厌旧；女人为阴，缅怀初恋。

2. 显隐

地支藏干为隐，天干表达为显。天干是表现（也可以说是第三人称对自我的认定），地支是本质（也可以说是第一人称对自我的认定）。地支以天干为表达，天干以地支为内涵。

在一个时间局结构中，天干为显，地支为隐。在一个地支中，地支本气为显，地支藏干为隐。

例如，寅木透甲，寅为显。寅木透丙或戊，寅为隐，这里的丙火指的是寅的丙火，这里的戊土指的是寅的戊土。如果寅代表一棵树，那么丙就是树上开的花，戊土就是树上结的果。这里的丙不是指阳光，戊也不是指培土。

又如：当一个人夸奖另一个人时，显是指真心的敬佩；隐则另有动机或目的，这个动机或目的，就要看是从什么地方透出来的。

六、燥湿　调候

1. 燥湿

辰丑为湿土，戌未为燥土。辰丑为湿土，可以生金，也能埋金、墓金。戌未土燥能脆金，但也能生金；以火论时是克金，以土论时是生金。

在一个时间局结构中，如果全局非常燥热，木火燥土太多，那么这个人无论生理、还是心理都会火旺、性急。协调的办法，最好用湿土或者金，不宜用水。也就是与其强行抑制，不如顺性疏导。例如：给一个思想，让他去思考；给一个目标，让他去实施。在进行过程中逐步将他身上的燥热泄去。

全局非常湿寒的人，金水湿土太多，那么这个人无论生理、还是心理都会水寒、心冷。协调的方法，水旺用木，土湿用火。例如：给一个信仰，点燃他的希望；送一份温暖，划破寒夜的悲观。

因此,一个时间局,如果全局燥热,有金则有目标,有土就有思想。如果全局湿寒,有火就有希望,有木就有良知。

2. 调候

夏天火旺,宜用水。冬季水寒,宜用火。

都说女人是水,冬日里,天等着阳光而我等着你。

都说男人是火,夏日里,天等着烟雨而我等着你。

调候论述最好的书是《穷通宝鉴》,读者可以参考。

第四章 空间局

第一节 空间局构架

一、空间局定义

在阴阳五行学的世界里，有两个空间，一个为阳性空间，一个为阴性空间。

阳性空间是指有具体数量规定的、可以认识的对象，是可以用具体的长宽高三维规定的空间体。这个空间属于第三人称的视界认证。我们所说的东南西北中等概念都在这个范围，人的物质身体也在这个空间范围之中。

阴性空间是指没有具体数量规定的、难以用感官认识的对象，是无长宽高三维规定的空间体。这个空间属于第一人称的视界认证。我们所说的前后、左右、上下等概念都在这个范围，人的自我意识也在这个空间范围之中。

二、空间局的理解

阳性空间是以物质和物质的相对位置进行认定，而阴性空间是以自我意识和物质的相对位置进行认定。这两者对于某个位置的认定是不同的。

将同样的一个"我"分成阴阳不同两个视界。阳性空间的"我"，是以物质身体为人格的，它在确认位置的时候本身占据一个空间，并通过这个占据的空间位置和视界中的物质位置进行参照，确定"我"在某个位置。阴性空间的"我",是以心灵意识为人格的,它在位置确认的时候本身不占据任何空间,只是空间的参照中心,所有的空间位置都是以它的位置来确认的。即使物质空间中的位置不断地变化或者打乱,它依然可以通过感知信息的同步互馈得到恢复,重新建立自我感知的参照中心。

对于阴性空间,如果一时无法理解,那么让我们一起做个思维游戏。一个截肢者,他会产生疼痛感,感觉的物理空间就在已经被截肢的地方。一般人认为这个脚的疼痛是在大脑的物理空间,是一种心理反应。这样理解实际是有问题的,如果这样所有的身体感觉都是大脑的反应,手碰到物体也是心理反应,不是手的刺激反应。这个截肢者的疼痛是第一人称视界的认定。实际上它并不占据空间位置,只是人需要将这种心灵的内感和感官的外感对应协调起来,才会表达在第三视界的认证中的脚部。现在,阳性空间的腿的物理消失将这种协调打破了。

在实际生活中,这种现象很多。两个人在同样的物理空间距离,一个你会觉得很近,一个你会觉得很远。所谓,海内存知己,天涯若比邻。都是第一人称视界的阴性空间。

第二节　空间局的专业知识

一、方向　位置

1. 方向(朝向)

空间的朝向,可以用传统的八天干、四维来定二十四向(详细参考风水书籍)。也可以用十二地支来定向,这样共有12个朝向,如果想要再进一步细分,可以按节气分为二十四向。

2. 位置

阳性空间的构架,按照公认的地球基本朝向定义,用罗盘上的指南针来定义。阴性空间的构架,将罗盘的午位调整到门的正中,用海底十字线定向。通过阳性空间、阴性空间的二重定位,在同一个位置,可以

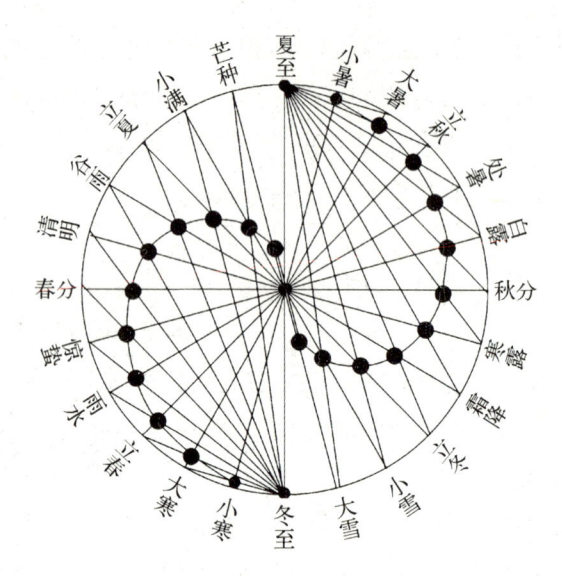

得到两个地支,这个空间的吉凶就可以由这两个地支的关系得出,实际看到的物质表象是这两个地支所表现出来的天干。

在阴性空间中,如果知道空间主人的日元,可以用空间主人的日元得出所有空间地支的关系,如果不知道空间主人的日元,一律用甲木作为日元,得出和地支的关系。

3.《五行方位论》

笔者就五行的方位写了一段体会。

有一天,女儿说:"爸爸,两只鸭子前面有两只鸭子,两只鸭子后面有两只鸭子,两只鸭子左边有两只鸭子,两只鸭子右边有两只鸭子,两只鸭子中间有两只鸭子。一共有几只鸭子?"

我想了会儿说:"投降。"女儿撅着嘴说:"真没劲,一共四只鸭子。"我反复摆了这四只鸭子后,终于对五行方位论有了更加深一层理解。

每一个人都有一个先天的太极方位图。这个图是以自己为中心向现实空间展开的。而我们现实空间的方位图是后天的。是每一个人和其他人共同享有的。这两种图是普遍性和特殊性的区别。简单地说:两个相对而立的人,可以各自以自己为太极点定前后左右,却各不相同。

具体到时间局中,每一个人以自己为中心可以划一个太极。十二个地支以 360 度角来看。每一个地支 30 度。时间局中的这张方位图就是每一个人潜意识中的五行方位图。人的行动一般是根据这张图来进行的而并非以后天现实的地图方位来进行的。

每一个人到一个新的地方居住,过一段时间,就会将自己的潜意识地图根据现实状况协调起来。就像每从一个时区到另一个时区,就会将自己的生物钟调整过来一样。简单地说,当一个人将这张地图协调过来后,这个新居地就成了他的新太极,而空间的方位再一次被原局定义。一个人始终是活在自己的太极中的。因此人无论如何移动,原始潜意识五行方位始终成立。没有绝对意义上的东南西北,只有相对意义上的左右前后而已。

在现实生活中,有一百个人居住在一个楼中,也许这个楼是在正东方。但是居住在其中的人,可以是子、丑、寅、卯、辰、巳、午、未、申、酉、戌、亥中的任何一个。对这些人来说,他们都是搬到一个正东方的楼里。

二、八天干　四维

1. 八天干

八天干:甲、乙、丙、丁、庚、辛、壬、癸

2. 四维

四维:乾、坤、巽、艮

三、旺衰　平衡

1. 旺衰

在看得见的阳性空间里,以体积论旺衰。体积大为旺,体积小为衰。比如说:并排的商铺,门宽的相对门窄的商铺为旺铺,此铺的生意相对容易好。

在看不见的阴性空间里,以作用力的生克关系论旺衰。五行相同或者相生的为旺,被泄被克的为衰。比如说:同样大小的一张床,在阳性空间是午位,也就是在正南方。但由于住宅进门的开设方位不同,这张床在一家的阴性空间位置是戌位,在另一家的阴性空间位置是酉位。

那么戌位就旺,而酉位就弱。

2. 平衡

空间的平衡有两个方面：第一是空间里各种物体的大小、多少等元素相宜为平衡。第二就是空间里的位置关系妥当为平衡。例如：一栋别墅后面有一座大楼为靠山,如果这座大楼非常巨大,两个建筑物的比例不协调,失去了平衡,这就不是靠山,而是威逼。

四、主客　虚实

1. 主客

在一个房间中,被论的物件为主,其他为客。

在一个房屋中,门为主,其他为客。

在一栋大楼中,本人的住宅为主,其他人的住宅为客。

在一个建筑群中,建筑群为主,周边环境为客。

在阴阳不同的空间里,阴性空间为主,阳性空间为客。

在时间和空间的关系中,空间为主,时间为客。

2. 虚实

实是指具体能看得见的三维立体结构的物件。如：床,柜子等。

虚是指由二维平面结构的物件。如：字或者画。

五、内外　远近

1. 内外

阳性空间主外；阴性空间主内。

2. 远近

空间的远近有两种。阳性空间的远近是视觉的远近,阴性空间的远近是心理量的远近。

六、顺逆　显隐

1. 顺逆

空间的顺逆,一般根据人流、物流、资金流、信息流等来定义。物体的朝向和流向一致为顺,物体的朝向和流向相对为逆。顺容易失去,逆容易得到。

2. 显隐

一般来说,突出的物体为显,风水中称"砂"。例如:山、高楼、树木等等。

流动的物质为隐,风水中称"水"。例如:水流、风、街道、能量、信息等等。

七、有情　无情

在空间中,各物件之间相环、抱、拱、合等等为有情;

各物体之间反、背、离、冲等等为无情。

有情、无情都是在视觉上,将物体人格化后的一种情状。

第五章 十神六亲

一、十神六亲定义

十神,是指以天干的日干与其他天干、地支的生克关系而定义出的十个概念。古圣先贤将此十个概念取名为:正官、偏官(七杀);正印、偏印(枭神);正财、偏财;食神、伤官;比肩、劫财,称为"十神"。

六亲,是指用十神来表达人与人之间的关系。

日/干	甲	乙	丙	丁	戊	己	庚	辛	壬	癸
甲	比肩	劫财	食神	伤官	偏财	正财	七杀	正官	偏印	正印
乙	劫财	比肩	伤官	食神	正财	偏财	正官	七杀	正印	偏印
丙	偏印	正印	比肩	劫财	食神	伤官	偏财	正财	七杀	正官
丁	正印	偏印	劫财	比肩	伤官	食神	正财	偏财	正官	七杀
戊	七杀	正官	偏印	正印	比肩	劫财	食神	伤官	偏财	正财
己	正官	七杀	正印	偏印	劫财	比肩	伤官	食神	正财	偏财
庚	偏财	正财	七杀	正官	偏印	正印	比肩	劫财	食神	伤官
辛	正财	偏财	正官	七杀	正印	偏印	劫财	比肩	伤官	食神
壬	食神	伤官	偏财	正财	七杀	正官	偏印	正印	比肩	劫财
癸	伤官	食神	正财	偏财	正官	七杀	正印	偏印	劫财	比肩

1. 正官

正官之构成,克我而与我异性者。例如甲木日干,见辛金,金能克木,甲木为辛金所克,因甲为阳性,辛为阴性,阴阳相异,故辛为甲之正官。

甲见辛、酉；乙见庚、申；丙见癸、子；丁见壬、亥；戊见乙、卯；己见甲、寅；庚见丁、午；辛见丙、巳；壬见己、丑、未；癸见戊、辰、戌；皆为正官。

在命理学六亲关系中，男命的正官代表女儿，女命的正官代表丈夫。

2. 偏官（七煞、七杀）

由日干数至第七位，便是克我的，二阳相克，二阴相克，故名七煞。古人云：二男不同处，二女不同居，不成配偶，故谓之偏官。例如甲木日干，见庚金，金能克木，甲木为庚金所克，因甲为阳性，庚亦为阳性，阳阳同类，故庚即为甲之偏官也。

甲见庚、申；乙见辛、酉；丙见壬、亥；丁见癸、子；戊见甲、寅；己见乙、卯；庚见丙、巳；辛见丁、午；壬见戊、辰、戌；癸见己、丑、未；皆为偏官。

在命理学六亲关系中，男命的偏官代表儿子，女命的偏官代表情人。

在阴阳五行学中无论是官或煞，其实都是克我的，是一种消耗自己、限制对方的力量，代表压力、挑战、困难；也是一种责任、义务和权力。当一个人面对困难和压力的时候，能够成功解决时，就成了权力和荣誉；当没有办法解决时就成为挫折和磨难。故称：有制谓偏官，无制谓七煞。

3. 正印

正印之构成，生我与我异性者。例如甲木日主见癸水，水能生木，甲木为癸水所生，甲为阳性，癸为阴性，阴阳相异，故癸是甲之正印。

甲见癸、子；乙见壬、亥；丙见乙、卯；丁见甲、寅；戊见丁、午；己见丙、巳；庚见己、丑、未；辛见戊、辰、戌；壬见辛、酉；癸见庚、申；皆为正印。

在命理学六亲关系中，无论男女的正印都代表母亲。

4. 偏印

偏印之构成，是五行生我，而阴阳与我同性者。例如甲木日主见壬水,水能生木,甲木为壬水所生,甲为阳性,壬亦为阳性,两性相同,故壬是甲之偏印。

甲见壬、亥;乙见癸、子;丙见甲、寅;丁见乙、卯;戊见丙、巳;己见丁、午;庚见戊、辰、戌;辛见己、丑、未;壬见庚、申;癸见辛、酉;皆为偏印。

偏印又名"枭神",一般不见食神的时候,称为偏印,见到食神的时候称为枭神。

在命理学六亲关系中,无论男女,偏印代表长辈,继母,母亲的兄弟姐妹等。

5. 正财

正财之构成,是五行我所克,而与我为异性者;例如甲木日主见己土,木能克土,甲为阳性,己为阴性,阴阳相异,故己是甲之正财。

甲见己、丑、未;乙见戊、辰、戌;丙见辛、酉;丁见庚、申;戊见癸、子;己见壬、亥;庚见乙、卯;辛见甲、寅;壬见丁、午;癸见丙、巳,皆为正财。

在命理学六亲关系中,男命的正财代表妻子。女命的正财代表父亲。

6. 偏财

偏财之构成,是五行我所克,而阴阳与我同性者为偏财。例如甲木日主,见戊土,木能克土,戊土为甲木所克,甲为阳性,戊亦为阳性,两性相同,故戊是甲之偏财。

甲见戊、辰、戌;乙见己、丑、未;丙见庚、申;丁见辛、酉;戊见壬、亥;己见癸、子;庚见甲、寅;辛见乙、卯;壬见丙、巳;癸见丁、午;皆为偏财。

在命理学六亲关系中:男命的偏财代表父亲。女命的偏财代表婆婆。

7. 食神

食神之构成,是五行我所生,而阴阳与我同性者。例如甲木日干,见丙火,木能生火,丙火为甲木所生,而甲木为阳性,丙亦为阳性,两性相同,故丙即为甲之食神。

甲见丙、巳;乙见丁、午;丙见戊、辰、戌;丁见己、丑、未;戊见庚、申;

己见辛、酉；庚见壬、亥；辛见癸、子；壬见甲、寅；癸见乙、卯；皆为食神。

食神者，又名爵星、寿星、进神、食禄、天厨、破敌星、子星。

在命理学六亲中：男命的食神代表岳父母；女命的食神代表女儿。

8. 伤官

伤官之构成，是五行我所生，而阴阳与我为异性者。例如：甲木日干，见丁火，木能生火，丁火为甲木所生，甲为阳性，丁为阴性，阴阳相异，故丁为甲之伤官。

甲见丁、午；乙见丙、巳；丙见己、丑、未；丁见戊、辰、戌；戊见辛、酉；己见庚、申；庚见癸、子；辛见壬、亥；壬见乙、卯；癸见甲、寅；皆为伤官。

在命理学六亲关系中，男命的伤官代表奶奶，女命的伤官代表儿子。

9. 劫财

劫财之构成，是五行与我同类，而阴阳异性者。例如：甲日遇乙，甲为木，乙亦为木，是同类，但甲为阳性，乙为阴性，是同类而阴阳异性，故乙为甲之劫财。

甲见乙、卯；乙见甲、寅；丙见丁、午；丁见丙、巳；戊见己、丑、未；己见戊、辰、戌；庚见辛、酉；辛见庚、申；壬见癸、子；癸见壬、亥；皆为劫财。

劫财又名败财，阴见阳为劫财，阳见阴又叫阳刃。

在命理学六亲关系中，无论男女，其劫财都代表异性兄弟、姐妹。

10. 比肩

比肩之构成，是五行与我同类，而又同阴阳。例如甲见甲，既同属木，又同为阳性，故甲、甲为比肩。

甲见甲、寅；乙见乙、卯；丙见丙、巳；丁见丁、午；戊见戊、辰、戌；己见己、丑、未；庚见庚、申；辛见辛、酉；壬见壬、亥；癸见癸、子；皆称为比肩。

在命理学六亲关系中，无论男女，其比肩都代表同性的兄弟、姐妹。

二、十神的相生相克

十神相生：正偏财生官杀，官杀生印枭，印枭生日主比劫，比劫生食伤,食伤生正偏财。

十神相克:正偏财克印枭,印枭克食伤,食伤克官杀,官杀克日主比劫,比劫克正偏财。

三、十神六亲的理解

十神六亲是命理学的专业术语。是将五行的生克关系和生活中的人际关系联系起来的一种方法论。这种方法流传了千年,有着深刻的理论和实践意义。由于命理学家在实践中,遇到的多是有困惑的人。因此在命理书籍中,对十神六亲的解释有很多更倾向于消极的一面,给人一种不好的印象。笔者认为,五行本意实际没有什么好和不好的区别,关键是看具体的事、具体的人。

1. 正官、偏官

官和偏官(煞)是克我的。人际关系中,女人的官代表丈夫或情人;男人的官代表儿女,同性的是儿子偏官,异性的是女儿正官。

官煞的作用是"管",管制自己的是自律、责任、压力、困难、挑战;管制他人的是权利、责任、制度、约束、规范。如果日主的官煞太多,又没有好的化解办法,就是被管的多,意味着社会地位低;如果官煞能被充分的化解,代表能获得权力。

能承担起责任的人就是官。对于女人来说,丈夫正官能承担责任、能给予安全感;情人偏官是一种压力和刺激。

对于男人来说,儿女是他的责任,只是儿子更容易给自己制造麻烦。女儿是正官,对女儿的教育最适合财生官,就是多和自己的妻子即女儿的母亲在一起;儿子是煞,对儿子的教育最适用食神制煞,用良好的思想灌输、引导儿子。

官煞有三种功能。第一是制比劫。第二是生印。第三是化财。

官的主要功能是克,不是生化。如果官的力量不够,需要财的帮助。例如,丈夫的力量不够,需要妻子的帮助。女人是否旺夫,主要看她的财是否可以帮助到她的官。狭义的解读,就是用自己的钱或者自己的父亲能否帮到丈夫;广义的解读,就是用自己的理想、期盼以及行动去激励丈夫。

我们常说每个成功的男人背后总有一位伟大的女性。阴阳五行学的理解,这类女性有两种,一类是妻子(财),一类是母亲(印)。这两类人所起的作用是不同的,官如果旺,需要母亲(印)来教化;官如果弱,需要妻子(财)的滋养。

2. 正印、偏印

印是生我的,分正印和偏印。在人际关系中代表母亲。

在阴阳五行学中,金生水、水生木、木生火、火生土、土生金,凡是生我的,专业术语叫印。阴生阳、阳生阴,称"正印";阴生阴、阳生阳,称"偏印",也称"枭"。

生活中,什么是印?

生我的是母亲,母亲即是"印"。印的衍生意义有很多,凡是生我的、保护我的都可以称印。如老师、长辈、贵人等,给我知识、帮助我;如房子,保护我,给我安全;如单位,也是印,可以理解为给我生活的保障;如知识、文凭等,可以理解为提供给我赖以生存的本领;等等。

正印与偏印的区别。正印是阴阳相生,是一种心甘情愿,是一种消耗自己来生我的力量,也是保护我的力量。偏印是一种不太情愿的、有索取的相生。因此命理学常常将偏印比喻成后妈。古人将偏印称为"枭",是指偏印会夺食神,不知道进退。我们从生活中理解,一个对自己不好的后妈,不给吃,常受虐待,这就是枭神夺食的由来。实际上,偏印还有许多优点,比如说特别的、专业的、意外的等等。

印有三大特点,即养育、保护、教育。对于偏印来说,它的养育、保护、教育,采取的方法与正印采取的方法会有很大的不同,常常会有过分的做法,或者不合常理的做法。但有偏印的人,有时也会有意外地得到他人帮助的收获。

印有三大功能。第一是生助我。第二是化解克我的东西。第三是抵制食神和伤官。

3. 正财、偏财

我克的为财。

在人际关系中,男人的财代表女人,正财是妻,偏财是情人。在亲属关系中,财可以代表父亲,意指父亲有赚钱养家的责任。

财的本质定义是理想和欲望。是指日主耗费力量想要得到的东西,是一种理想,也是欲望。在女人的时间局中,如果没有官,可以财代替官。

财可以有多种理解,如:固定资产是正财,流动资金是偏财;当令的财是大财;羊刃上的财是风险财;库中的财是银行里的财,也指多。虚的财,指名声和才华。

生财的方法有很多,大致有两种,一种是用才挣财,即食神、伤官生财;一种是用财生财。具体方式如:用禄(身体)取财,干体力活;食神、伤官生财,用技术生财;以印生财,任职某一单位获取工资;以财生财,指投资;等等。一个人很穷,往往不是他的时间局里无财,而是有财但没有途径取到财。

财主要作用是生官,有了财意味着有进一步实现自己价值的需求。财能克印,俗称"贪财坏印",主要指的是消耗太多,破坏了保护自己的机制,也指不好好读书或者因贪婪而破坏规矩等。

财也有三大功能。第一功能是实现理想、目标、追求、野心、欲望等等。第二功能是生官。第三功能是化食神、伤官。

4. 食神、伤官

食神和伤官是我生的。人际关系中,女性的食神、伤官代表孩子,食神代表女儿,伤官代表儿子。

在五行学中,食神和伤官都是耗费我的力量生出来的东西。在生活中,我生的东西有很多,如说话、思想、唱歌等等。

食神、伤官的区别。食神性情比较温和,有节制,多指思想、善意表达的语言,也指吃东西;伤官性情比较开放,无顾忌,没有节制,多指技能、口无遮拦的表达,也可用来表示出汗、放屁等。食神一般思想传统,伤官一般比较时尚。

食神、伤官都是我生的,不喜欢被管制,意味着不喜欢官。所以古人说"食神制煞,英雄独压万人",说的是煞很旺,但能被制住就是英雄。又说"伤官见官,为祸百般",官即管,伤官不服管,就会出现状况。如果日主的伤官星能彻底地制服官星,就是说能将管自己的人彻底地制服,当然会成为一名有成就的人。

食神、伤官的三大功能。第一是表达思想、目标、理想。第二是生财。第三是克制官煞。如果食神、伤官既不生财,也不制煞,就只能泄秀。泄秀指想想、说说,时间局中表现出泄秀的命主可以成为思想家、演说家、作家、设计人员、演员、老师等等。

5. 比肩、劫财

与日干五行相同者为比肩(禄)、劫财(羊刃)。同阴阳的为比肩、比肩为偏;阴阳异性者为劫财、劫财为正;劫财又名败财,阴见阳为劫财,阳见阴又叫阳刃。

在人际关系中,也就是兄弟姐妹,包括同学、同事、朋友。

比肩、劫财主要是和日主分财产,比肩比较柔和、劫财要凶悍些;比肩、劫财在共同遇到财时,会比劫夺财;比肩、劫财在遇到官煞时,又会比劫杠煞;比肩的另一个称谓是"禄",有身体的含义;阳干见劫的另一个称谓是"羊刃",有通过体力去参与竞争的含义。

比劫多,也就是兄弟姐妹多、朋友多,意味着要多花钱,但同时在遇到困难时,能帮忙的人也多。比劫多的人,赚钱不容易保住,见到食伤,大家一起吃喝玩乐;见到财,大家一起分。劫财有抢钱的意味,有劫财的人,容易从事期货、股票、玩麻将等投机行为。没有劫财的人,如有投机行为则很容易赔钱。有劫财的人,也不意味着就能赚钱,要看将财劫到什么地方,劫到自己是投机发财;劫到公司,是为公司赚钱;劫到他处,就是赔钱。

比肩、劫财有四大功能。第一是相互帮助,共同面对压力和困难,即"比劫杠煞"。第二是一起交流思想,包括吃喝玩乐。第三是分享劳动成果,即分财,包括婚姻出现外遇。第四是化印,可理解为分享母亲的爱或者一起学习等。

笔者为了增强读者对比劫的理解，用四句话来描述比劫的人际关系：

朋友是你错的时候的一面镜子；朋友是你对的时候的掌声；朋友是你风雨中的一把伞；朋友是你迷茫时的一盏灯。

四、十神六亲解读家庭、人际关系

在时间局的构架中，家庭的伦理关系是由五行的生克关系来定义的。在家庭关系里，有一个不变的基石，那就是爱。因为家庭是一个以爱为规定性的组合，没有爱，就没有实质意义上的家庭。

我们透过时间局看六亲关系时，永远不要忘了爱的伦理精神。我克者，是正偏财，当代表妻子和情人时，除了欲望的含义，有一种付出的精神内涵。克我者，是官煞，当代表丈夫和情人时，除了责任的含义，有一种得到的精神内涵。我生者，代表孩子时，除了付出的含义，有一种自我展现的精神内涵。生我者，代表父母时，除了关怀外，还有一种保护的精神内涵。

所以，笔者反对克父母，克子女的说法；反对父母或孩子是忌神的说法。笔者认为在家庭关系中，无论生还是克，都有一种爱的伦理精神在里面。养育和管教孩子都是父母的责任，个体的感受好坏，不是生克的问题，而是关系处理得妥善与否的问题。

家庭生活最重要的组成部分是婚姻。在五行学中，婚姻关系是以自我意识为基石的，而不以性关系为基石，更不以婚姻的契约关系为基石。因此，当以日元为太极中心时，日支代表夫妻宫；当以月干为太极论恋爱时，以月支论恋爱宫。如果天干是思想行为的表现，地支就是自我内在的意识，这种意识首先包含了伦理精神中最重要的因素"爱"。

婚姻的基石建立在自我意识层上，但这种自我意识并不是客观的，而是一种自我的认知，当外在的客观环境对这种认知不断否定时，就产生了婚姻关系中的悲欢离合。比如说家庭财产，家庭财产是夫妻双方自我意识统一后，形成的同一人格的物质化表现，在伦理方面，夫妻任何一方都没有对共有家庭财产单方面的所有权,只有对共有物的享用权。在现实生活中,家庭中的每个成员都会对家庭财产有着自己个性化的特殊需求和欲望。这种个性化的需求及欲望和对家庭共同体的关怀相统一时,就是双方自我意识的统一;相背离时,就是双方原本统一的自我意识的背离。

家庭生活中还有一个重要的组成部分就是子女教育。首先这种教育的前提也是基于一种爱的表现。

教育过程中,父母及其他长辈都是以自我的感受性方式,对子女灌输自我理解的家庭或者社会的伦理,希望子女能更好地适应社会环境。但家长在教育过程中的这种自我感受性也是一种个体的自我意识,或者说是自我认知,也不是客观本身,因此家庭里每位成员对于同一事件会产生不同的自我意识,由此在孩子的教育问题上会出现各种分歧。如果家庭成员的这种自我意识经常背道而驰,那么在孩子的时间局里就会出现冲战;如果是向左的,就会出现相刑;如果表面没有冲突,但背后有相互指责,就会形成穿害。就是基于这种原理,我们可以透过孩子的时间局看出父母的情况。

在处理人际关系时,五行最重要的原则就是明确自己的位置,而位置的参照中心就是自我意识。在五行学的时空结构中,一个人没有一个单一的"我"存在,而是有诸多个"我"构成,这诸多的"我"时刻在变化,此起彼伏,一个压制另一个,一个联系另一个,一个取代另一个。人生只是一种不断的反复,前一刹那,心里还充满着一种混乱,夹杂着悲伤和失望,控制不住要痛哭一场才能宣泄,可是就当眼泪流出来的同时,有一种细微的感觉开始出现,起先听不到什么,却隐隐约约一直存在着,那是另一颗心在看着自己,轻声漫语宽慰着,哭吧,世间多的是不被料知的安排,遇间多的是心碎的无奈,这是上天给你的一种相聚无法得到的心情。于是,刚才眼里还噙着泪水的你,短短的时间里,你就品尝了命运的"迷"和"悟"。我们的生活就是在这样的矛盾转化中展现和统一的。人,大多数时候是在忘我的状态下处理日常生活的,当且仅当自己察觉到自己的时候,人的所有理智和知识才能起到作用。时刻提醒自己"我在什么位置",是处理好人际关系的不二法门,也是活在当下的现实体现。

生我者为印。母亲,老师,贵人。

面对母亲、老师、贵人,最常犯的错误就是摆事实,讲道理。生我的是印,你只有认真听,或者这个耳朵进那个耳朵出。

克我者为官。领导。

当一个老板打电话问:你工作忙吗?如果你就客观事实说:不忙。老板会认为你太懒,不好好工作。说:很忙。老板可以认为你不把他放在眼里。忙与不忙不重要,重要的是关系,他是老板,你是员工。如果回答:"老板,你有什么吩咐吗?"或者说:"有什么需要我做的吗?"这样位置就对了。

兄弟、姐妹关系。

一般来说,朋友一起吃喝玩乐是比劫关系。当你的朋友在某件事上帮助你时,他(她)就是你的贵人,就是印的关系。这时候你需要表达的态度应该是印,而不是比劫,否则位置就会错。

兄弟、朋友的女友。

这是比劫和财的关系,绝对是一种争夺的关系。古人说:男人之间可以劝赌,不可劝嫖。男人不要参与处理朋友与其女友或妻子的婚恋问题,如果你说得没道理,他会认为你没水平;你说得有道理,他的女人就会夸你,这会让他不舒服,怎么做都是错。

岳母和女婿。

笔者有个朋友,常常来找我诉苦。有一天他很晚来,说被老婆关在门外了。朋友的岳母说要旅游,他就主动帮忙找地方,联系旅馆,并且付了钱,岳母却说旅馆太贵了。后来,朋友又找了农家乐,认为这次便宜实惠了,岳母又嫌太脏了。他一听来气,饭不吃就跑出来了。

我宽慰他说,你在处理这件事上也是有缺陷的。找旅馆,买车票,你办得没有错。错在你不该自己付钱,自己对岳母说这件事。找贵了,她会认为你显摆;找得档次低了,会认为你小气或者不用心。你不出钱,她有想法;你出钱,她也会有想法。这种事最好你做,妻子出面说,才不会犯错。因为岳母是食神,妻子是财,食神能生财。

婆婆和媳妇。

这对关系最难处理了,因为她们在五行中是克的关系。媳妇第一次上门,婆婆要准备红包或者是有价值的首饰,因为此时的婆婆是在财的位置上。媳妇要打扮得得体,要说些客套话,但话不能多,可以谈些工作,学习,家庭的话,但不要谈孩子教育或者流行的时髦话题。

个人和团队。

在团队里,要根据自己的位置说自己该说的话,做自己该做的事。

很好的朋友,你可以拍他一下,打他一拳,越是不讲礼貌不讲规矩,就越亲近(比肩可以当成禄)。但是对不熟的人,你要有距离讲礼貌。

在团队里,不要人云亦云,到处传播消息。每个人都很聪明,你告诉她(他)一件小道消息,她(他)可能会想:你为什么告诉我?你不告诉她(他),她(他)可能又会想:你为什么不告诉我?你第一个告诉她(他),她(他)会想:为什么先告诉我?你晚了告诉她(他),她(他)又会想,为什么先告诉别人再告诉我。

在公司里,领导找你谈心,必须要考虑到穿害关系,不能简单地就内容而内容。如果你只是认为这是你和领导的事,你就错了。很多时候,是你在和其他看不到的人谈心,领导只是代表而已。

一个团队就是一个局,这个局最重要的就是它能成势,这种势即是势力,也是权势。团队里的每个人必须维护好这种势,并利用好这个势,每个人出去都会带着力量,这个力量就是你背后的势。在团队内,一个有智慧的人是用势来摆平问题的,而不是单单靠权力或能力解决问题的。因此常说"我们"比单单说"我"有力量。

总之,你无论在什么地方,在处理人际关系时,先问一句:"我在什么位置。"

五、十神六亲类象简表（此表摘自盲派，供读者参考）

	正印	偏印	正财	偏财	正官	偏官	比肩	劫财	伤官	食神
解释	保护我、给予我		消耗自身能量来满足自身欲望		克我的、约束我的、管理我的		帮助我、和我共同面对所有一切的		我生的	
意向	生日主、化官煞、克制食伤		生官煞、消耗食伤、坏印		克日主、化食伤、生印		帮日主、抗官煞、泄财、消耗印		泄日主、生财、克官煞	
六亲	母亲	继母姨妈	妻子父亲	父亲妾	丈夫女儿	丈夫儿子	兄弟姐妹	兄弟姐妹	儿子祖母	女儿
人物	贵人、老师		父亲、妻妾		上级领导、丈夫		朋友、伙伴、同学		学生、晚辈、下属	
事物	文化、名声、权印		金钱、女人、才华		官职、责任、疾病		合作、竞争、帮助		表现、技能、玩乐、创作	
场所	学校、医院、学术机构		经营场所、银行、交易所		政府机构、法院、监狱		竞技场、体育场		娱乐场所、休闲场所、厕所	

总之，读者对十神的理解需从生活中提炼，不要被语言文字局限。笔者就学生关于食神和伤官的对答供读者参考。

男生问：食神制煞，英雄独压万人该如何理解？

老　师：食神本意是饮食以养其体，宴乐以养其神。食神的优点在于从容，平和，退让。涉险之道，胜在静待时机，脱险之道，贵在从容不迫。故食神能制煞，煞越旺，越能显示食神的魅力。伤官也能制煞，但行事过于操切不如食神好。

女生问：食神生财，富贵天上来该如何理解？

老　师：食神善于等待，不喜妄有作为，凡事顺其理，不以目前计其功，不以当下收其效；安静以待时，待其自至而成，所以说富贵天上来。

六、十神六亲的宫位

	年干	年支	月干	月支	日干	日支	时干	时支
人物	外戚、外人、长辈、老人		同学、同事、老乡、领导		至亲至近之人		晚辈、小孩、学生、朋友、下属	
六亲辈分	祖辈或长辈		长辈或同辈		同辈		同辈或晚辈	
六亲宫位	爷爷、外公、父亲	奶奶、外婆、母亲	父亲、兄弟	母亲、姐妹	自己	妻子或丈夫	儿子、兄弟	女儿、姐妹
六亲宫位的移走	反吟、伏吟、六合、三合、三会						反吟、伏吟、六合、三合、三会	

七、相生与相分

太极、阴阳、五行是一个相生的构架,不是一个相分的构架。简单地说,就是 100 元钱分阴阳后,不是阳有 50 元和阴有 50 元,100 元被分的概念。正确的概念是 100 元中,其中阴占 50 元,阳占 50 元。继续分下去,五行金木水火土各 20 元,那个 100 元还是在的,阴阳的 50 元也是在的。古代的太极图就是这种构架。

很多的宗教人士和一些修行人认为自己学习的是道,阴阳五行是术。其实这是一种误解。从道的角度看阴阳五行,这些都是虚幻,唯有绝对不变的才是真理,才是唯一。从阴阳五行的角度看道,认为唯一不变的真理就是变化。这就是古人说的静极则为动,动极则为静。

我们的阴阳五行学说,认为一个时间局是一个人或一件事,也可以是所有的相关的人或事。于是站在不同的层面,我们可以看到不同的内容,这就是笔者说的"一花一世界,一叶一如来"。

站在一个人生的角度,一个时间局就是你的一生,这个一生所有的存在都是同时俱在,不能分割的。只不过在时间的单向轴线上不断地展开而已,当下的"此在"是有无数个过去积累而来,而积累的主要因素大致分为:天时,地利,人和。简单的说就是时间,空间,社会。

要想未来命运变得好些,就必须回到过去。于是我在《六亲错位》

中说,你需要观照自己,倒退,倒退一直到原点。古人说你要反省,改过,忏悔。用我们的阴阳五行来看你的一生,过去是阴,未来是阳。成事在阴,显事在阳;反省在阴,希望在阳。很多的修行人告诉我要放下,要活在当下。我知道很难,很难。一个人当下的生命中包含了无数的过去的信息,如果这个信息我们已经完成,我们还是比较容易放下的。然而生命中有着许多挫折,失败,理想,志向等等待修复程序和待执行程序,要放下之前,你必须先将待执行的程序取消,然后修复那些过错,如此才有希望放下。而修复的第一步是面对它,第二步是处理它,第三步才轮到放下它。这些错误的命令,在佛家说是"业",在基督中叫"罪"。

那么如何才能修复这些错误的命令呢?修行的人需要静心,禅定,祷告等等方法。我们的方法就是自己去看你自己的时间局,这样你就很容易地做到反观内照。当你看明白了错误的由来,你就知道问题出在什么地方了,然后你开始修复工作。有些理想和欲望,你无法完成,你就需要取消这些命令;有些理想和欲望,你用的方法不对,你就要改变自己的行为方式来完成它,然后放下它。一个命令,如果你完成它,它会存在于你的生命中,但它不会成为你障碍,反而会使你有喜悦感和成就感;一个命令,你总是做错,或做了一半就停下来,那么它会拖累你的未来,因为无论是清醒还是在睡梦中,它总是会消耗你的能量要求继续执行的。因此一个人的十神意向需要单纯,也就是欲望和理想不宜过多。同时尽量做一些自己可以做好的事,喜欢做的事。一个人的生命就是一个人的成长的道路,也是一个人修行的道路。

当你跨越了自己的时候,你就跨过了高山,走上了回家的路。问题的关键不在如何找到路,而在于如何找到自己,并超越自己。

八、六亲错位

五行有一个名词叫十神六亲,它包含了所有的人际关系以及人物关系。人类所有的看得见的,看不见的伤痕都在受伤的十神中,而受伤的根源往往是六亲关系错位导致的。

第五章 十神六亲

  多年来我都会情不自禁地问自己一个相同的问题：生命的溪流到底要流向哪里？在人生的每个转折处，到底是什么使他痛苦，纠结，甚至搁浅而导致无法复位？

  站在小区花园的小河边，站在满月的光辉里，看着树的静影沉在水中，不断地荡漾，清澈又迷离。当浮光掠过的时候，我隐约地看到了一幢幢房子的铁窗，当我回头看那厚厚的砖瓦构成的房子的时候，发现眼前的窗户除了厚厚的玻璃外，还附加了结实的铁栏。我不知道从什么时候，竹篱变成了铁窗。但我知道，这种防御机制的产生源于伤害，无论是看到其他人的伤害，还是自己受到的伤害。

  而这些伤害的形成，可以追溯到自己的童年，甚至是爷爷奶奶以及父母的童年。

  灯光下，我看着一个一个的时间局，局中的人物一次又一次地受伤、还原、再受伤。我眼角的泪水轻轻地滑落下来，变成一个又一个的问号？为什么伤害总是不断地重复却又不自知？

  他（她）日复一日地被无法预料的命运安排着，就中还有如此多的琐碎错误，将一切潜在的改善慢慢隔开。有的不知道这是错，这么做；有的知道是错，却还是这么做。

  看着时间局的画像，我知道你当时刹那的疼痛，也知道透过那极深极暗的记忆，今天拥有的忧伤。我感觉到了你流浪的心，当我排列着那些难懂的天干地支的时候，我能看到你戴的各种面具，也看到了你走过的曲曲折折的路，因为你将你的哭泣写在了自己的记忆里。那些无法消除的伤痕，尽管用泪水层层地包裹起来，但每当你的人生转折时，她都会呻吟，也会碰到痛处。于是，幸运一次次地默默离去，不幸却再三地发生。你也许还在拿着手中的桨，不断地划着小船，可是我知道你已经搁浅了。放下你手中的桨，心中的怨，爱你身边的人吧。如果做不到，先放过自己，歇歇吧。

  在你休息的过程中，请你回看那来时的路，不要再倔强地对抗时间。你需要一直倒退，从现在倒退到原点。然后默默地观看一路走来的你，沿着记忆的路线一直走到最深处，然后紧闭双眼，有多少呢喃，够温暖；有多少哭喊，在期待。请不要再用你的感官去感知你心灵伤痕的存在，杯中的酒也许会化成伤感，眼角的泪却无法成为句点。你需要用心灵去感知感官伤痕的存在，这样你才有机会找到忧伤的来处，并接受它，面对它，处理它，最后放下它。

当你愿意回顾自己的历史、祖辈历史的时候，尘封的往事会再度出现，请睁开你的双眼，过往的事虽然风清云淡，飘在空中的你会发现，其实风筝并没有断了线。记忆中那根没有绳子的线一直随你飘到了现在。在绳子的这一边，生命在承受一次次的伤害，最后用伪装去代替了凄凉的改变。在绳子的那一头，却是亲人位置错乱，导致理不清头绪的麻烦。不知道什么时候，恩情变成了伤害，却无法理解伤害变成的恩情。

如果你找到了错，那么其实这就是过。如果没有找到，错还是错，并会一错再错。假如在感官空间中没有办法接受事实，那么就请你跨过事实，在心灵空间中找一个永远也不会犯错的伟大存在去爱吧。总之，你要放过自己，因为上天安排你到这世间并不是为了惩罚，是为了爱。

第六章　古代阴阳历法的计算方法

第一节　时间局的编排

一、年柱的编排

年柱的干支是某人出生之年阴阳历的天干、地支。如 2007 年出生的人,年干支为丁亥。

年柱的编排是以立春为起点,立春前出生的人为上一年,立春后出生的人为本年。

例如:2007 年 2 月 4 日 13:14 分前出生的人,年柱是丙戌;2007 年 2 月 4 日 13:14 分后出生的人年柱是丁亥。因为这个时间点是立春点。

二、月柱的编排

月柱上的地支是固定不变的。以阴阳历排序,正月为寅,二月为卯,三月为辰,四月为巳,五月为午,六月为未,七月为申,八月为酉,九月为戌,十月为亥,十一月为子,十二月为丑。

月柱上的天干不是固定不变的,是由此年的年柱天干来推定的,自古流传的口诀为:甲己合土,丙为首;乙庚合金,戊为头;丙辛合水,寻庚上;丁壬合木,壬水流;戊癸合火,甲上求。

如:2007 年丁亥,推算一年开始的正月寅月的月柱天干。丁的合化对象是壬,丁壬合化木,生木的为水,阳性的水为壬水,因此丁亥年的正月的月柱天干是壬水。因月柱的地支是固定不变的,正月的地支为寅,因此丁亥年的正月是壬寅月。推算出了丁亥年的正月为壬寅月,根据天干、地支的顺序排列,得出丁亥年的二月是癸卯月,三月是甲辰月,四月是乙巳月,五月是丙午月,六月是丁未月,七月是戊申月,八月是己酉月,九月是庚戌月,十月是辛亥月,十一月是壬子月,十二月是癸丑月。

三、日柱的编排

日柱的推算法是以子时为分界线。从上一天的晚上11时起算至当晚11时止为当天。

例如:2007年3月27日23:30分出生的人。2007年3月27日的年柱、月柱、日柱原本是丁亥、癸卯、庚申,但由于此人是在23时之后出生的,因此日柱成为:辛酉。因为日柱不是以我们通常认为的晚上0时为一天的开始,而是以晚上11时作为新一天的开始。

日柱的排法一般查万年历。但也有日柱的推算方法。笔者在请教了上海唐洪生老先生的基础上研制了二套日柱推算法。

1. 日柱推算法之一:

(1) 熟记三个"世纪常数"

世 纪	19世纪	20世纪	21世纪
常 数	25	10	55

(2) 熟记十二个月份的常数

月份	1月	2月	3月	4月	5月	6月	7月	8月	9月	10月	11月	12月
常数	0	31	59	30	0	31	1	32	3	33	4	34

(3) 公式

A.(取年的最后两个数字)×21÷4=(取整数)+世纪常数+月份常数+日数 =(数值总和)

B.(数值总和超过60)— 60 =(余数)

C. 余数按60甲子的排列,得出该日的日柱。如:所得余数为25,则是戊子

举例:推算2003年7月2日的日柱

计算:(03)×21＝(63)÷4＝(取整数15)＋世纪常数55＋月份常数1＋日数2＝(73)－60＝13

13即为丙子日柱

2. 日柱推算法之二

(1) 熟记年份常数

从1900年开始,每隔四年(闰年)有一个常数,在两个闰年之间的每一年加5,到第四年(即第2个闰年)加6;超60减60后的余数再按前面方法计算。具体数值见下表:

闰年	1900年	1904年	1908年	1912年	1916年	1920年	1924年	1928年
常数	10	31	52	13	34	55	16	37
闰年	1932年	1936年	1940年	1944年	1948年	1952年	1956年	1960年
常数	58	19	40	01	22	43	04	25
闰年	1964年	1968年	1972年	1976年	1980年	1984年	1988年	1992年
常数	46	07	28	49	10	31	52	13
闰年	1996年	2000年	2004年	2008年	2012年	2016年		
常数	34	55	16	37	58	19		

(2) 熟记十二个月份的常数

月份	1月	2月	3月	4月	5月	6月	7月	8月	9月	10月	11月	12月
常数	0	31	59	30	0	31	1	32	3	33	4	34

(3) 公式

A. 年份常数＋月份常数＋日数＝(数值总和)

B. (数值总和超过60)－60＝(余数)

C. 余数按60甲子的排列,得出该日的日柱。如:所得余数为25,则是戊子

(4) 举例：推算 2003 年 7 月 2 日的日柱

2000 年的常数是 55，到 2003 年期间，每 1 年加 5，超 60 减 60 后的余数再加 5。

即：2001 年：60；2002 年：(60－60)＋5＝5；2003 年：5＋5＝10

计算：(10)＋7 月份常数 1＋日数 2＝13，即丙子

3. 日柱推算法之一、之二的特例：

计算每个闰年的 2 月 29 日之前的日柱时，在按公式计算出的数值基础上，再减去"1"。

举例：推算 1984 年 2 月 6 日的日柱

1984 年是闰年，常数为 31，2 月份常数为 31，

计算：年份常数 31＋月份常数 31＋日数 6＝68－60＝8　应为：辛未

但由于 1984 年是闰年，2 月 6 日在 2 月 29 日之前，故要减去 1，得数 7，日柱为：庚午。

举例：推算 2011 年 10 月 30 日的日柱

2008 年常数 37，故 2011 年常数＝37＋5＋5＋5＝52

计算：年常数 52＋月常数 33＋日数 30＝115－60＝55

对应六十甲子，55 为戊午，故 2011 年 10 月 30 日的日柱为戊午

四、时柱的编排

时柱的地支是固定不变的，23 时—1 时为子时，1 时—3 时为丑时，3 时—5 时为寅时，5 时—7 时为卯时，7 时—9 时为辰时，9—11 时为巳时，11 时—13 时为午时，13 时—15 时为未时，15 时—17 时为申时，17 时—19 时为酉时，19 时—21 时为戌时，21 时—23 时为亥时。

时柱的天干是由日柱的天干所决定，流传的口诀为：甲已合土，甲为首；乙庚合金，丙为头；丙辛合水，寻戊上；丁壬合木，庚金位；戊癸合火，壬上求。

举例：日柱辛酉，推算一天开始的子时的时柱天干。

辛的合化对象是丙，丙辛合化水，克水的为土，阳的土为戊土，子时

的天干是戊,即戊子。推算出了辛酉日子时的时柱为戊子,根据天干、地支的顺序排列,得出丑时是己丑,寅时为庚寅,卯时为辛卯,辰时为壬辰,巳时为癸巳,午时为甲午,未时为乙未,申时为丙申,酉时为丁酉,戌时为戊戌,亥时为己亥。

月干与时干的推算区别。月干的推算法:生年干的合化五行(阳性);时干的推算法:克日干的合化五行(阳性)。一生一克的区别。

第二节　时间局的大运、流年的编排

大运、流年是命理学中的术语,是生辰八字学中最基本的概念。大运是由月柱推导出来的,流年是由年柱顺排而来的。大运、流年主要用来分析、判断重大事件,在千百年的实践中,证明这种分析方法是有一定哲理性的。

一、时间局大运的编排

一个时间局的大运是从月柱推算出的。根据性别的不同和出生年的年干的阴阳不同分为顺排和逆排两种。

男(乾):年干为阳,顺排大运;年干为阴,逆排大运。女(坤):年干为阳,逆排大运;年干为阴,顺排大运。阳年干为:甲、丙、戊、庚、壬;阴年干为:乙、丁、己、辛、癸。通俗的记忆方法:同性顺排,异性逆排。

例一:丙戌　辛卯　丙午　壬辰,推算大运

1. 如是男(乾),年干丙为阳性,大运则顺排。因月柱是辛卯,大运依次顺排为:壬辰、癸巳、甲午、乙未、丙申……

2. 如是女(坤),年干丙为阳性,大运则逆排。因月柱是辛卯,大运依次逆排为:庚寅、己丑、戊子、丁亥、丙戌……

例二:丁亥　癸卯　庚申　庚辰,推算大运

1. 如是男(乾),年干丁为阴性,大运则逆排。因月柱是癸卯,大运依次逆排为:壬寅、辛丑、庚子、己亥、戊戌……

2. 如是女(坤),年干丁为阴性,大运则顺排。因月柱是癸卯,大运依次顺排为：甲辰、乙巳、丙午、丁未、戊申……

二、时间局大运起运数

起运数是指几岁开始交大运。起运数也分为顺排、逆排。

顺排,从出生日顺行至本月气终时的天数,按三天折一年、一天折四个月、一个时辰折十天计算,有几年几月几天,就为几岁几月几天开始交大运,一大运为十年。逆排,从出生日逆行至本月气始时的天数,按三天折一年、一天折四个月、一个时辰折十天计算,有几年几月几天,就为几岁几月几天开始交大运,一大运为十年。"气"指节气的气,月分节和气,如卯月,惊蛰为节,春分为气。

男(乾)：年干为阳,顺排大运；年干为阴,逆排大运。

女(坤)：年干为阳,逆排大运；年干为阴,逆排大运。

例：乾：丙戌　辛卯　丙午　壬辰(2006年3月18日辰时出生)

说明：年干丙为阳,顺排大运。从3月18日顺数到3月的气(春分)终时,是4月5日,共18天。按三天折一年计算,正好6年,故6周岁开始交大运。年干丙为阳,顺排大运,因月柱为辛卯,故：

大运：壬辰　　癸巳　　甲午　　乙未　　丙申　　丁酉　戊戌　己亥

年龄：6岁　　16岁　　26岁　　36岁　　46岁　　56岁　66岁　76岁

三、时间局流年

时间局所经历的年份称为流年。如2006年为流年丙戌,2007年为流年丁亥。

例：乾：丙戌　辛卯　丙午　壬辰

大运：壬辰　　　癸巳　　　甲午　　　乙未

年龄：6岁　　　16岁　　　26岁　　　36岁

流年：壬辰(2012年)　壬寅(2022年)　壬子(2032年)　壬戌(2042年)

癸巳(2013年)　　癸卯(2023年)
甲午(2014年)　　甲辰(2024年)
乙未(2015年)　　乙巳(2025年)
丙申(2016年)　　丙午(2026年)
丁酉(2017年)　　丁未(2027年)
戊戌(2018年)　　戊申(2028年)
己亥(2019年)　　己酉(2029年)
庚子(2020年)　　庚戌(2030年)
辛丑(2021年)　　辛亥(2031年)

四、空间局大运

在太阳系的空间里，最重要、重大的空间中心是太阳。因此在地球上的朝向是以太阳为参照体论东南西北的。在行星中最大的行星是木星，木星是地球的三千多倍，每十二年绕太阳一圈，共有十二个位置，每个位置就是一个"生肖"，也称"太岁"。俗话说的"太岁头上动土"，就是在木星转到的空间位置上动土修建。另一个行星就是土星，绕太阳一圈约三十年，每二十年和木星相会一次。木、土二星对地球的影响非常巨大，古人根据这个天文规律，以土星、木星二十年会合一次为一个运程来论空间局的大运。根据九星的配合不同，根据九宫八卦图，空间局分为九个运程，每个运程20年，九个运程共180年，一个循环。由于木星公转十二年、土星公转三十年的最小公倍数为60年，因此以60年一个甲子称为一元，这就是风水书中提到的三元九运说。

三元九运如下：

上元：一运　1864年——1883年(甲子年至癸未年)

　　　二运　1884年——1903年(甲申年至癸卯年)

　　　三运　1904年——1923年(甲辰年至癸亥年)

中元：四运　1924年——1943年(甲子年至癸未年)

　　　五运　1944年——1963年(甲申年至癸卯年)

　　　六运　1964年——1983年(甲辰年至癸亥年)

下元：七运　1984 年——2003 年(甲子年至癸未年)
　　　　八运　2004 年——2023 年(甲申年至癸卯年)
　　　　九运　2024 年——2043 年(甲辰年至癸亥年)

三元：即为三个花甲，共 180 年，一个花甲为上元，一个花甲为中元，一个花甲为下元，三元也称为一个正元。

五、空间局流年

空间局的流年就是时间在空间的投射，也可以说是阳性空间和阴性空间相互作用的应期。比如说：一个空间中，阳性空间是午，阴性空间是寅。寅午合局的时间应期就是寅年和午年。又如：一个空间中，阳性空间是午，阴性空间是子。子午相克的应期流年就是子年或者午年，子午相战冲的应期流年就是丑年或未年。其用法和时间局的用法一样。

第三节　时间局、大运、流年的关系

时间局是第一中的第一；岁运(流年称"岁"、大运称"运")是象、是数、是应期。大运、流年是时间局的展现，是对时间局的时间应期和象的说明。

时间局是内因，岁运是外因。内因是本质，外因是条件。没有内因，外因起不了作用。没有外因，内因没有引发条件。

具体实践中，大运是对时间局大的阶段的描述，流年是对时间局小的阶段的描述；大运宏观，流年微观，流月更微观。

关于时间局、大运、流年三者的关系有很多的论述，笔者的论述有两种，一种是基于逻辑；另一种是基于想象。

一、基于逻辑阐述的时间局、大运、流年的关系

1. 原局和大运的关系

原局是主，大运是客。

基本法则：大运作用原局。当大运的字是原局里的某个字时，这个字就反客为主。也就是说，这个原局的字的应期到了。

例：乾造　乙卯　戊子　丙辰　辛卯　　大运：丁亥　丙戌　乙酉　甲申

大运：丙戌，丙是原局的字，那么这个大运的丙，原来是客，但现在反客为主，就是原局丙的应期到了。戌不是原局的字，那么论述的时候，戌是客，原局是主，论戌作用原局，并通过这种作用关系看原局的运行情况。

2. 大运和流年的关系

大运是主，流年是客。

基本法则：流年作用大运。当流年的字就是大运的字时，称为岁运并临。同样存在反客为主。也就是说，这步大运的这个字的应期到了。

例：乾造　乙卯　戊子　丙辰　辛卯　　大运：丁亥　丙戌　乙酉　甲申

乙酉大运，乙酉流年。说的是这个乙酉流年是实现这部大运最重要的时间点。

3. 流年和原局的关系

原局是主；流年既是大运的客，也是原局的客。

基本法则：流年作用原局。流年的字，就是原局的字时，反客为主。也就是说，原局中的这个字在这个流年应期到了。论大运作用原局时，重点在流年的这个字。

例：乾造　乙卯　戊子　丙辰　辛卯　　大运：丁亥　丙戌　乙酉　甲申

大运是乙酉，流年是壬辰。由于地支辰是原局中的字，反客为主，地支辰的流年回到了原局，在这步大运的这个流年，论酉用辰。由于天干流年是壬水，原局没有，就是客。大运是天干乙是主，这个主是原局的字，反客为主，回到原局中。按照客作用主的原则，那么就是壬作用乙。

原局、大运和流年三者的关系，原局是第一中的第一，所有的判断标准是原局。大运和流年如果是原局的字，就是原局的应期到了。如果不是原局的字，就是对原局的影响，这种影响可能帮助原局的意向成立，也可能干扰原局意向的成立。

二、基于想象阐述的时间局、大运、流年的关系

原局、大运和流年的关系。原局是人生的一个剧本，其中主角是日元，另一个主角是日支，其他都是配角。人生的剧本就是要演绎原局的内涵。大运就像剧本的一个章节，流年是这个章节的某一篇幅，流月是这篇幅的一个段落。如果大运或者流年的标题就是原局的某个字，那么就是这个字在这个章节、这一篇幅中的演绎。演绎的内容主要看这个角色和主角的关系。如果大运的字是主角，那么就是主角的演绎以及这个主角和其他配角的相互演绎。如果，大运或者流年的字不是原局的字，那么就是在这个章节或者这一篇幅中出现了新的角色，这就要看这个角色和原局中角色的关系，根据他出现后对原来角色的影响，判断这个剧本局的演绎情况。

例：乾造　乙卯　戊子　丙辰　辛卯　　大运：丁亥　丙戌　乙酉　甲申

解读：

这个局论结婚：结婚对象很明确，就是正财辛金和正印卯房子有关系。丙戌运中，有一个藏在戌里的辛。这个辛不是本局的主要演员，是一个大运中的临时演员，这个演员在戌里，无法进入夫妻宫辰，这是一段恋情。

在乙酉运中，酉可以进入夫妻宫辰，时间应期是乙酉流年。这个进入夫妻宫的女人，陪嫁带着房子，符合原局的演出，是真正的妻子。

三、应期

圣经说：凡事都有应期。具体到五行学上，一生的起伏看的是大运，一年的起伏看的是流月。由于阳性的人，喜欢出发，喜欢离开，喜欢一生都有新的梦想。于是岁运交接的时候，事件会提前些。阴性的人，喜欢停留，喜欢长久，喜欢安定和缓慢的成长，于是岁运交接的时候，事件会拖后些。

人生就像一棵树，如果每根树枝代表一个大运，那么树丫就是流年，树叶就是生命的每一天，全部的树叶和树枝加起来就是你的一生。

常常有朋友问我，为什么你说的好运，我感觉却不怎么好？

我说，从云到雾，从雾到雨，从雨到汇成的涓涓细流。人生是一个过程，是一个心理量的积累。每一个后来幻化的像都是以前一个像为前提的。时间可以淡化前面运程的问题，但能愈合的往往是那些流血的伤口，而心中不肯愈合的却是那些不流血的伤口。事件和身体，顺着岁运，顺着季节在缓慢而又稳定地前行，而心灵的秩序和潜意识的行为模型却一直在循环停留。因此当一个人没有办法意识到或者摆脱自己以往命运中的纠缠时，好的运程也感觉不到有什么质的改变。

如果你想知道是什么导致了今天的你，那么我告诉你，在消失的记忆的某个段落里，当你遇到他或她时，你还是一张白纸，在这张白纸上写下第一个字的人，就是由来。在五行学的世界里，无论是亲人，友人，爱人，那能看见的只是一种生活方式，那看不见的却是情谊。我以为当一个人行好运的时候，比如洞房花烛夜，金榜题名时，仅仅代表这个人得到了上天给予他（她）的一次成长机会，好让他（她）能有机会调整自己的心灵秩序，愈合以往看得见或看不见的伤痕。而不是用得到的机会再一次循环自己以往的程序。

六十年一个甲子循环，主要是指向年上的应期；五年一个甲子循环，主要是指月上的应期；六十天一个甲子循环，主要是指日上的应期；五天一个甲子循环，主要是指时辰上的应期。一个循环一个太极，看上去是那么的不同，实质上却是那么的相似。只要你认真的回顾，仔细的思索，你会发现脚下的路，一共就这么几条，所有的像都是一种变形的五行展现。只不过，当上演的人不是你自己而是周围人的时候，你无法察觉而已。循规蹈矩的人在那里停留，不循规蹈矩的人在那里跋涉，只有那些完成的人才会悄然转身，走向另一个循环。

第七章 六十甲子 空亡

六十甲子有六个循环，每个循环天干有十，地支十二。天干走完，地支余下两个称为空亡。古人对于空亡是这样描述的：水空则流，木空则朽，土空则陷，火空则焰，金空则响。

《六十甲子循空表》

六十甲子										空亡
甲子	乙丑	丙寅	丁卯	戊辰	己巳	庚午	辛未	壬申	癸酉	戌亥
1924 1984	1925 1985	1926 1986	1927 1987	1928 1988	1929 1989	1930 1990	1931 1991	1932 1992	1933 1993	
甲戌	乙亥	丙子	丁丑	戊寅	己卯	庚辰	辛巳	壬午	癸未	申酉
1934 1994	1935 1995	1936 1996	1937 1997	1938 1998	1939 1999	1940 2000	1941 2001	1942 2002	1943 2003	
甲申	乙酉	丙戌	丁亥	戊子	己丑	庚寅	辛卯	壬辰	癸巳	午未
1944 2004	1945 2005	1946 2006	1947 2007	1948 2008	1949 2009	1950 2010	1951 2011	1952 2012	1953 2013	
甲午	乙未	丙申	丁酉	戊戌	己亥	庚子	辛丑	壬寅	癸卯	辰巳
1954 2014	1955 2015	1956 2016	1957 2017	1958 2018	1959 2019	1960 2020	1961 2021	1962 2022	1963 2023	
甲辰	乙巳	丙午	丁未	戊申	己酉	庚戌	辛亥	壬子	癸丑	寅卯
1964 2024	1965 2025	1966 2026	1967 2027	1968 2028	1969 2029	1970 2030	1971 2031	1972 2032	1973 2033	
甲寅	乙卯	丙辰	丁巳	戊午	己未	庚申	辛酉	壬戌	癸亥	子丑
1974 2034	1975 2035	1976 2036	1977 2037	1978 2038	1979 2039	1980 2040	1981 2041	1982 2042	1983 2043	

第七章 六十甲子 空亡

心法

六十甲子中的空亡,就像六道轮回中永不停转的两个轮子,是一种追求,是一种期盼,是一种梦想。

在岁月的甲子里,太阳渐渐地朝北回归线而去,戌亥的飘逸就这样被隐去,当甲戌来临时,我又见到了你,可是此时的你已不是你。所有曾经的惦记,留下的,没有留下的,都成了回忆和叹息。这就是空亡的秘密。

虚实空亡:如果事实太过于残酷,那么就选用谎言;如果谎言是一种伤害,那么就选择沉默;如果沉默无法赎回心里的罪,那么就悄然地走开,走向另一个轮回。

理法

空亡和不空亡的区别是一种真实和虚幻的区别。在第三人称视界认证中,空亡是一种客观上的虚幻。在第一人称视界认证中,空亡是一种主观上的实有。空亡的虚幻并不比实有更虚幻。比如说梦境,在第三人称视界认证中,是一种虚幻;在第一人称视界认证中,却是一种实有。因此空亡不能被认定为"没有",可以称为虚拟实在的"有"。

在五行学中,空亡在六十甲子的时序中是一种变换轨迹的现象。所以空亡往往是一种时空节点的应期。

技法

当一个时间局主人的十神意向在于"空亡"这个字的时候,那么他就会追求一种虚拟实在的有。当这个字被填实的时候,就是应期到了。

所谓逢合不空,逢冲不空,逢刑不空。本质上讲都是一种追求和意向,不同的只是目的和手段。比如说:逢合不空,这是一种对追求的肯定;逢冲不空,是一种对追求的否定。就追求本身来说没有什么不同。就像一个人对我说,我追求金钱;另一个人说,我不追求金钱。说不追求金钱的那个人是一种用否定的方法来追求,置换成肯定句,就是我追求不追求金钱。

在生活中,如果一个人的意向在空亡,那么对这个空亡的追求往往比不是空亡的更执著。人类在自我认定中对于虚拟实在的有比自然实在的有更多向往。

　　在生活中，空亡的现象很多，比如说信用卡、电影、互联网的虚拟游戏等等。在单亲的家庭中，你也可以看到父亲或者母亲的空亡现象。总之，对于空亡的现象，真正的理解在于生活，而不在文字。

第八章 姓名分析

一、姓名分析的构架

姓名可以看成一种像,是一个人非常重要的一种像。也是道家说的一种符号,是一种跟随每个人一生的符。

笔者在研究阴阳五行学像法的过程中,在对姓名就是一种像的理解基础上,潜心探索,终在一天有所领悟。笔者通过将姓名总笔画转化为五行的天干地支,继而通过五行及十神意向相互之间关系的分析,从而解读出由此反映的许多个人或与他人相互关系的信息。

姓名分析的构架有两部分组成,一部分是姓名的笔画总数含义,此为阴性含义;另一部分是姓名本身所能反映的字面含义,此为阳性含义。姓名笔画总数是以个人最常用的为准,如果个人用的是繁体字,就以繁体姓名总笔画数为准,用的是简体就以简体为准。

姓名笔画总数的五行转换以六十甲子为依据,如下图:

	甲子	乙丑	丙寅	丁卯	戊辰	己巳	庚午	辛未	壬申	癸酉
笔画	1、61	2、62	3、63	4、64	5、65	6、66	7、67	8、68	9、69	10、70
	甲戌	乙亥	丙子	丁丑	戊寅	己卯	庚辰	辛巳	壬午	癸未
笔画	11、71	12、72	13、73	14、74	15、75	16、76	17、77	18、78	19、79	20、80
	甲申	乙酉	丙戌	丁亥	戊子	己丑	庚寅	辛卯	壬辰	癸巳
笔画	21、81	22、82	23、83	24、84	25、85	26、86	27、87	28、88	29、89	30、90
	甲午	乙未	丙申	丁酉	戊戌	己亥	庚子	辛丑	壬寅	癸卯
笔画	31、91	32、92	33、93	34、94	35、95	36、96	37、97	38、98	39、99	40、100

续 表

	甲辰	乙巳	丙午	丁未	戊申	己酉	庚戌	辛亥	壬子	癸丑
笔画	41、101	42、102	43、103	44、104	45、105	46、106	47、107	48、108	49、109	50、110
	甲寅	乙卯	丙辰	丁巳	戊午	己未	庚申	辛酉	壬戌	癸亥
笔画	51、111	52、112	53、113	54、114	55、115	56、116	57、117	58、118	59、119	60、120

二、姓名的个别分析

例： 姓　名　　　姓名笔画总数　　　五行天干地支

　　　朱元璋　　　　25画　　　　　　戊子

　　　朱重八　　　　17画　　　　　　庚辰

解析

朱元璋

　　阴性含义是戊子，自坐将星，将星为子水。这个将星成立的最大要素就是要敢于冒险，敢于带领大家走出黑暗，走向黎明。戊子在五行中是戊癸合化火的结构。

　　阳性含义是万事成于阴而显于阳；根据阴性的含义，结合阳性含义，朱元璋的意向是开创红色篇章。

　　朱元璋原名朱重八，改名对于朱元璋的时间局来说是一种十神意向的诱导。

　　　　　伤官　　　　　正官　　　　　　　　　　　比肩
乾：　　　戊　　　　　　壬　　　　　　丁　　　　　　丁
　　　　　辰　　　　　　戌　　　　　　丑　　　　　　未
　　　　戊(伤官)　　　戊(伤官)　　　己(食神)　　　己(食神)
　　　　乙(偏印)　　　辛(偏财)　　　辛(偏财)　　　乙(偏印)
　　　　癸(偏官)　　　丁(比肩)　　　癸(偏官)　　　丁(比肩)

　　原名朱重八的意向在庚辰，也就是伤官生财。原名重心是用辰，官库，无论天干还是地支都是被冲制的，因此很不好。

　　朱元璋的意向在伤官合煞。改名后，他的意向在伤官，也就是造反闹革命。朱元璋自身的时间局,伤官能制住官。是一个极贵的格局。

1. 相同的姓名笔画总数,不同的字面含义,解读出的结果是不同的。

案例

姓 名	笔画总数	五行天干地支	姓名表达的十神意向
王大明	15画	戊寅	更倾向于寅木中的丙火
张 林	15画	戊寅	更倾向于寅木本身或者寅中的甲木
刘大军	15画	戊寅	虽然也倾向于寅木本身或者寅中的甲木,但有煞星的味道

2. 相同的姓名笔画总数,不同的父母关系,导致不同的人生。
3. 相同的姓名笔画总数,不同的夫妻关系,导致不同的人生。

三、姓名的组合分析

案例:

西游记中人物人物名总笔画数转化成的五行天干地支

玄奘戊寅

悟空辛巳

悟净癸未

悟能辛巳

分析:

玄奘:戊寅,自坐煞星,自律,老实,有梦想

悟空:辛巳,指向的是辛金空亡,有灵性,口才好,意在巳火中的庚金,庚在巳火为长生,有能力。

悟净:癸未,意在癸水,去己土,为食神制煞,此人食神多,而煞少,所以此人有一定能力,说的多,做的少,贪吃,贪玩,较懒。若食神少,煞多,则能力强。

悟能：辛巳，指向的是丙辛合的辛金，所以辛金不空，意在正官，正官的人比较本分，用正官制比劫，或希望比劫抗煞。所以在小说中只有三句台词：大师兄，师傅被妖怪抓走了，二师兄师傅被妖怪抓走了，大师兄师傅和二师兄被妖怪抓走了。

组合：

玄奘和悟净关系好，戊癸合。玄奘为戊土所以是领导，辛巳对辛巳是比劫关系，悟空实际是巳里的庚金，悟净是丙辛和里的辛金，比劫关系，一个有能力，一个老实，相互欣赏。

悟空，玄奘，共同点是：戊土和巳火是共同点，一个是整体稳定，努力，一个是有能力，多变化，所以玄奘可以当领导，悟空是高级干部。但两者寅巳穿，互相无法理解。

结论：

团队组合与小说相同，戊寅是领导，辛巳（悟空）能力第一，癸未（悟净）能力第二，悟能只能搞搞后勤，这四个人要组成团队，需要午火来统一，组建成一个团队，需要午火来团结他们。午火就是理想，愿景，要有共同的理想，共同愿景才能组合在一起，否则就是一盘散沙。

如果做团队规划，午火就是他们的统一关键。

依据晨植阴阳五行中的姓名学，凭借团队中人员的名字，就可以梳理出团队的上下结构。

第九章 五行学口诀

笔者刻苦钻研古圣先贤流芳百世的阴阳五行学,融合祖传五行技艺,自排阴阳五行口诀,以示自我对研习阴阳五行的总结,供读者共享。

一、法无定法、法外无法

木就是木	土就是土	木也是土	土也是木
水就是水	火就是火	水也是火	火也是水
金就是金	木就是木	木也是金	金也是木
土就是土	水就是水	土也是水	水也是土
火就是火	金就是金	火也是金	金也是火

二、向实求虚、心有定无

以财论官	以官论财	以印论伤	以伤论印
以官论劫	以劫论官		

三、阳以顺取、阴可逆行

五行本表意	五行无格局	五行分格局	只为学习易
阳意喜顺行	阴意方可逆	若明五行理	无须分格局

四、大运、流年

大运本固定	流年不可移	两者皆应期	原局为第一
若要排大运	顺逆实中取	若要看流年	其象有真意

大运和流年	本无作用力	实字作用力	符合因果律
虚字作用力	以实推求取	取得实字理	虚字不论力

五、强弱、平衡

五行有强弱	内力却守一	此强彼必弱	平衡难求取
以弱来定强	此是平衡理	强者有势力	旺者是当令

六、年、月、日、时

年支为本命	月支为当令	命令是核心	干头有情景
年上空间远	时上变化多	月上事重大	日支最亲密

七、五行结构

五行为太极	字字是太极	空间看时间	时间看空间
本来无一物	有心方有物	若要论人情	人心是人情

八、论吉凶

彼吉我亦吉	彼凶我亦凶	彼吉我应吉	彼凶我应凶
若要论吉凶	还要定太极	太极若选定	方可论吉凶

九、论地支关系

人情有冷暖	关系有亲疏	三合以疏论	六合最为亲
有合若见冲	合时就是冲	有冲若见合	冲时就是合
害从合中生	合时方论害	穿是侧面攻	不倒亦必动
破字分内外	内破强于外	刑字本多乱	贵贱生于乱

十、论天干关系

五合分阴阳	阴阳是阳阴	贪合可忘冲	有生可忘克
天干是表现	地支是本质	若论地支事	天干显其事

十一、十二长生宫

此表有真意	阳顺阴逆行	阳生阴即死	虚实不同行
人生有过程	事件有起始	循环非旺衰	阶段是状态

十二、合化

如合能成化	以化论过程	事件有起因	人物有身份
若要查因果	需看合化论	人变身不变	事变理不变

十三、五行之数

时空五行数	只是一个数	只为阴阳故	出现了二数
木火为一数	金水为一数	一数再分拆	出现四家数
本来四家数	就是八卦数	一六同为水	二七都是火
三八本为木	四九皆是金	天地本此数	奈何人在中
若论人间事	五十方是数	五十如显数	成为十进数

第十章 "晨植五行技法"

阴阳五行学的时间局或者空间局,是对现象世界的抽象表达;是一种逻辑关系上的可能性设定,是对现象世界各种复杂关系的规律性总结。当这种可能性最终转化为现实的时候,需要现象世界的规定性,这种规定性就是生活。因此笔者的技法学习过程有一个宗旨:以人为师,不如以天地为师;以天地为师,不如以生活为师。

一、"晨植五行技法"心法

1. 我信命,不信努力;命信努力,不信我

相同的时间局或者相同的空间局,即存在着相同性又存在着差异性。所谓相同性指的是人和人或者人和物,无论在整体还是在部分,时间局或者空间局的结构关系相同。由于人在心灵或者意识层面上,并不受制于时间和空间的限制或束缚,在心灵层面上表达这种结构关系的时候是完全相同的。但就物质层面而言则是有差异的,因为物质是受制于时间和空间的限制或束缚的,这种差异性主要体现在时间的延续性和空间的独立性。因此当心灵或者意识通过物质表达自己的时候,就会因为心所停留的物质形态的不同,呈现出千差万别的多样性。然而在这千变万化中,总是有着一种难以言喻的相同性,我将这种相同性称为命,将这种选择性的差异称为努力。结论就是:我信命,不信努力;命信努力,不信我。

2. 事实并不重要,重要的是认知;内容并不重要,重要的是立场

人一般执著于现实世界的一切像。无论是图像、声音、味觉还是触觉,这一切的体验结果仅仅是一种自我的反映,而并非是一种客观事

实。这种反映虽然来源于一个客观情景,但它首先受限于感觉器官,进入自我意识后,意识还会对这些情景进行再加工和整理,这个加工整理过程会带上自我的经验或信仰,并对这些客观情景美化或者丑化。于是一个人大多数时间是活在一种自我镜缘之中,并以自我为中心建立起一种太极、阴阳、五行的运动模式,并用这种模式保持同客观世界的联系。

3. 一花一世界,一叶一如来

一个时间局的每一个字或者一个空间局的每一个点,和整个局的关系是一种整体和局部的关系。一般人认为整体是由部分构成,是部分的统一体;而部分是整体的部分,是整体的组成要素。两者之间没有部分,就没有整体。但笔者技法中认为还有一层境界,就是整体和部分是可以相互过渡或者说是可转化的,一个整体可以过渡或转化到一个或者几个部分,转化出来的部分随即成为一个独立的整体。如果说一开始的整体为"大我",那么这个转化出来的整体就是"小我","大我"和"小我"之间的关系是怎样的呢?答案是,它们的结构关系是相同的。这个观点和上篇第一章《太极 阴阳 五行》的第一节"阴阳"部分的理论是一致的。

二、"晨植五行技法"的咨询特点

笔者认为,在我们提供咨询的时候,需要咨询人和被咨询人互动,目的是为了准确把握住局的心意落点。因为笔者技法认为,一个时间局、一个空间局、一个即时局、一个姓名局等等,都可以演化成很多个局,虽然五行法则不变,但"心有所住,方生其心"。相同的出生时间,不同的心态,会有不同的人生;相同的房子,不同的主人,会有不同的生活;相同的姓名,不同的爱人,会有不同的人生。提供咨询的关键在于确定咨询人本人的意向在什么位置,这样才能准确地把握住整个局的运行模式。

三、"晨植五行技法"——"兰花拂穴法"

人生是一种选择,人生十字路口的关键时间点,就是我们要找的穴位。用拂穴的方法，就是对时间、空间转折处的拿捏。点穴的方法，是对时间、空间状态的定位。

笔者在本书的上篇，阐述万事万象，一事一象。所谓拂，就是顺着事的线路，在关键的点上按一下。

兰花拂穴法要求熟记六十甲子，对五行学的刑、冲、克、害要熟练掌握。这些基本功的扎实与否是成功的关键。

兰花拂穴法是对"一花一世界，一木一如来"心法的落实。当你掌握这个方法时，你会发现自己已经可以不用大运来找应期了。这种方法不是否定大运的作用，而是在大运的用法外另找一条论事的途径。

就如中医看病要诊脉，但针灸时可以就病症直接下针而不用诊脉。虽然针灸可以不诊脉，但望、闻、问还是需要的。"望"，在我们的五行中就是十神的意向。"闻"，就是我们对生活的见识和对来人诉说的仔细聆听。"问"，就是当事件发生后，你无法确定当事人意向时的询问。

四、论性格

1. 性格决定命运；气度决定格局。
2. 天干是外在性格，地支是内在性格。
3. 时间局的分析中，天干的性格分析是一种外在的表现，这种表现由两方面决定的。一方面是时间局的地支决定的，也就是心态；另一方面是由十神意向形成的思维和行为习惯决定的。
4. 要想改善命运，首先要改善自己的性格；要想改善自己的性格，必须转变自己的心态，同时培养自己的良好习惯。
5. 在时间局中，论性格主要以日元为太极中心。日元旺的以日元为重点论性格；日元弱的以日元的意向为重点论性格。
6. 论日元意向的时候，先论十神本意，再论五行本意。
7. 当日元意向不清晰的时候，以日支论意向。

孔子说：四十不惑，五十知天命。大多数人的人生都是用生命一次一次地去试、去问、去碰，然后才能缓慢地知道，该如何面对，该如何生活。当我们发现自己不幸的时候，也许你会抱怨命运，可是当你这样做的时候,你会惊奇地发现,命运正是因为你的抱怨才捉弄你的。

五、论读书

1. 读书主要看法是看印,正印是一般传统书,偏印一般指比较专业的书。

2. 读书看的印和自己的强弱关系。分四类关系。

这四种关系:分别是印旺身弱;印弱身弱;印旺身强;印弱身强。

3. 印和自己的意向关系。

主要看印是否能生到自己。如果不能生到日元,但能生到自己禄星,也是能生到。

4. 没有印看官。再看食伤星。

5. 文科多是木火结构,理科多是金水结构。

读书在生活中主要看老师,学校,自己的消化能力以及读书的目的。读书好的人,一般能消化老师和书本上的知识。会读书的人,能将这些知识运用到生活中。读书后只是用来表现或者说为了读书而读书,那就是爱好。有学问的人,不是指读书多的人,也不是指说话有道理的人,是指读书或者说话有用的人。人们说:读万卷书,不如行万里路;行万里路,不如名师指路。寻找名师不仅仅看他说的是否有道理,要看他说的对你是否有用。

六、论婚恋

1. 时间局中,日支离日元最近,为夫妻宫;月令为恋爱宫。日支或月支被合动或冲动,可论动感情,谈恋爱。如果此人已经结婚,也可以合动、冲动,不过是动摇的动。

2. 时间局中,男性以十神的正财、偏财星论女朋友、妻子或情人;女性以十神的正官、偏官(煞)星论男朋友、丈夫或情人。

3. 男性原局无正财、偏财星,论女朋友、妻子或情人,则看食神、伤官星;女性原局无正官、偏官星,论男朋友、丈夫或情人,则看正财、偏财星。

4. 流年大运财官到,恋爱、结婚对象到。

5. 财官在年,恋爱、结婚早;财官在时,恋爱、结婚晚。

6. 女性食、伤旺,婚姻不顺;男性比、劫旺,婚姻不顺。

7. 夫妻宫喜稳定,不被刑、冲、克、害为宜;被刑、冲、克、害论不稳定,有变化。

8. 时间局中,十神的正印、偏印星可论房子。现代人结婚需要房子。一般印到代表买了房子或租了房子结婚(同居)、或领证,印也可以论结婚证书。

9. 时间局的时干、时支为子息宫,子息宫被合动、冲动,也是结婚的信息,是奉子成婚。

10. 在论婚恋时,如果男性原局正、偏财都有,女性原局的正、偏(煞星)官都有,如何判定出现的女(男)友是正、还是偏的呢?笔者有一个经验(不是理论)。即:

A. 女人在自己内心很寂寞、很痛苦、很无聊的时候,最容易遇到煞星,因为女人想摆脱这种内心的折磨,极可能产生伤官星的心性,这种心性容易合到煞星;女人在内心充实、平静、喜乐的时候,容易遇到官星,因为这时候,展示的是美好的自我,因此容易合到正官星。

B. 男人在平静、自足、从容的情况下,容易遇到偏财星,因为食神心态能生偏财;在急躁亢奋、拼搏征服的时候,容易遇到正财星,因为伤官心态能生正财。

七、论工作

工作主要看财、官、印。

1. 分析工作首先看全局的十神意向,看这个局主的意向在财、在官、还是在印。也就是看他(她)是要钱、要权、还是要名。

2. 当一个时间局出现多重意向的时候,需要通过询问(或者其他玄学)的方法来定义局主的意向。当一个意向是工作的时候,其他意向就会成为爱好。

3. 明确意向以后,再看实现这个意向的方法和手段。

4. 全局无官,以财论官;全局无财,以食神和伤官论财。

5. 合的方法是正合竞局,属于双赢或者多赢;冲制的方法是零合竞局,属于你赢我输,你输我赢的范畴。

6. 用食神、伤官生财会有附加值,用劫财取财没有附加值。

7. 用食神制煞,一般是用思想、方法、手段等解决困难;用印化煞,是用背景、资源和人际关系来解决问题。

8. 用禄取财或者抗官煞,是亲力亲为。

9. 理法上,看工作最重要的是看局主的思想模式和行为模式;技法上,看工作是对五行像法的生活理解。

看一个人的工作,首先要看他的目标是否清晰,其次看实现目标的手段是否有效,最后看他对于干扰目标执行的排干扰能力是否妥当。

比如说:有个人做股票总是输,我问他:你做股票是为了什么?他说:赚钱。我继续问:股票这个工具,如何能挣到钱呢?他说:高抛低吸。我继续问:那么你一般总是选什么类型的股票。他说:基本面良好,公司业绩不错的股票,然后高抛低吸,可是常常做反。

这个人的目标很清楚,可是实现的手段和目标之间的连接却有问题。时间和精力都浪费在股票的基本面分析,而公司的好坏和股价的动态的高低没有直接的关系。为什么呢?是缺乏安全感导致的。他的意向是财,想的手段是劫财,但实施的时候,却用印星。

八、论健康

1. 阴阳五行推断疾病的方法:

论病,从伤官入手。因为伤官代表过分的意思。疾病是一种不良习惯长期导致的,或是一种不良心理长期导致的。天干的伤官,以地支表达;地支的伤官,以天干表达。

其次,看食神是一个人的思想情志。如果食神出现问题,那么代表此人的思想情志出现了问题,长期的思想和情志出现问题会导致疾病。

再次,看禄,禄有问题,代表身体有问题。如果没有禄,唯一的印星就是禄。

最后,看流通,金、水、木、火、土哪里流通不了了,问题就出在那里。顺序从最旺的五行开始看。

病的轻重和大小,根据五行的基本理论来定义。弱五行见到墓,一般是大病。羊刃出事也是大病,特别是被穿。

病的位置,一般天干为表,地支为里;用五行代表的内脏器官来定义。具体在应用的时候,还可以参考宫位定义。比如说:妇科疾病,一般都和夫妻宫,子息宫联系在一起。

在五行学里,伤官是粗的泄,食神就是精细的泄。这就是为什么要先看伤官,次看食神的道理。论病看流通的原因,就是看食物、血液、浊气等毒素的排泄过程。

一般人的病和情志有很大的关系,特别是大病。我们精通五行并通过了解日常生活的情况大致明白这个人的情志。如果能结合情志来最后定论准确性会高很多。一个人的情志最重要的标志就是食神,所以古人说食神是寿元星。

2. 五行学如何看心理疾病导致的身体疾病?

五行的时间局和空间局,表达的是人的自我意识。并非直接反映一个人的肉体器官的疾病本身。

由于阴阳五行学的理论是一种天人合一的理论。同一个体的部分与整体之间、同一层次的事物之间、不同层次及系统中的事物之间、事物的开端与结果之间、事物发展的大过程与小过程之间、时间与空间之间,都存在着相互全息的对应关系。这种对应关系的密码就是本书阐述的五行的生克关系。中医实践中,按摩脚可以治好胃病,扎耳朵可以治疗近视等等,也是运用了这种对应关系。一种思想对应了一种疾病。

灾祸和疾病的区别,主要看是内因还是外因导致的;内因多为病,外因多为灾。内因一般是时间局或者空间局中内在固有的因素,岁运只是时间应期。外因是因为岁运引发导致原来没有的因素出现了问题。

九、论纠纷

1. 论纠纷,先分主客关系。客方主动,主方被动。

2. 纠纷的内容,以十神意向来定义。

3. 纠纷的胜负,看时间局全局的力量对比。

4. 伏吟局,纠纷解决的时间比较慢;反吟局,纠纷解决的时间会快。

5. 纠纷的其他相关人员,根据局中能明确定义人员推导而出。

十、论人事

在一个组织构架中,人才的选用是以将星为中心来选定的,所谓一朝天子一朝臣。将星的特点和配备干部的选用基本原则,参考三合局、三会局的内容。当一个领导的局内某一个字十分弱,但又很重要的时候,就需要挑选这个关键字很强的人为手下。一个将星在选择手下的时候,是以自己为主,他人为客的。简单的说,就是选择认同你的人,你是否喜欢他并不是最重要的,他喜欢你才重要。因此一个人在招聘的时候,需要尽可能让应聘的人认同公司的理念,公司的领袖,那些对公司一无所知,但却不断表现自己的人,就算有才华也多是无用的人,甚至才华越高麻烦越大。

十一、论投资

1. 投资主要看的是劫财和财的关系。投出资金换回什么是投资的关键。一般理论认为,劫财是败财不好。我们五行理论认为,有舍必有得,关键看舍后,得到的是否是你想要的。

2. 投资成败主要看两点:
A. 投出去的财是否有效果。
B. 投出去的财是否可以回来。

十二、论爱好

1. 吃:一般来说吃为食神,如果食神没有特别的意向,可以表示局主喜欢吃,为了食神而食神。吃也可以用伤官表示,伤官宜虚宜弱,弱的伤官就像食神,细微的区别是伤官将吃当成了一种玩。

2. 喝：主要看肝，就是卯木，当然有时候也要看寅。喜欢喝酒的人，肝必定有伤，但这个伤一般由子水或酉造成的。

3. 嫖：嫖的基本定义是局主喜欢偏财，主要看法是，能合、能刑偏财。特别是能用禄去合偏财库或者伤官库。

4. 赌：主要看比劫夺财，比劫多，财少而透。输赢结果看财被谁拿走。

5. 抽：主要看酉金；酉金要有伤。同时要见到丁火。

6. 旅游：一般体现在伤官在年。

7. 运动：主要看阳刃。劫财和禄的关系。

8. 读书：看好读书看时上的印。

9. 游泳：水旺木漂，喜欢游泳。

10. 求神拜佛：主要看辰戌丑未四个墓库或者看寅卯，特别是见空亡。

总之，爱好的基本定义来源于十神的理解以及对于时间局构架的明晰。

下篇

五行学对答录

1. 男生问：老师，什么是时间局？

时间局无色、无相，非有、非无，无处不在又一无所在。心在则时间局在，心住则时间局住。

人生最稳定的时间局在出生的瞬间，事件最明显的时间局在心动的刹那。没有空间则没有时间，故时间是空间的表达，空间是时间的表达，时间空间一体而异名。

2. 女生问：老师，什么是时间局？

一般人认为：对的时间，遇见对的人，是一生幸福；对的时间，遇见错的人，是一场心伤。错的时间，遇见错的人，是一段荒唐；错的时间，遇见对的人，是一生叹息。如果你不明白时间局，你会看见荷叶田田，花瓣飘然；如果你明白了时间局，那么你会发现花开，花落，人来，人往都在那里。

3. 男生问：老师，如何看待天干五合，地支六合？

合是合，化是化，合化是合化。事变理不变，身变人不变。太极生阴阳，太极本在。甲己合化土，甲在，己也在。

4. 女生问：老师，如何看待天干五合，地支六合？

捏一个你，塑一个我，将你我都来打破，重捏一个你，再塑一个我，你中有我，我中有你。

5. 男生问：老师，如何理解空亡？

天干有十，地支十二。天干走了六圈，地支才走了五圈。心总是快于身，理想总是高于现实。

无论是因为天干走的快而导致匆匆的错过，还是因为地支走的慢而产生的可望不可即,都是空亡的由来。

6. 女生问:老师,如何理解空亡?

六十甲子旬空,称为六甲旬空。犹如六道的轮回,是生命的追求,是心中的渴望,是永远走不完的循环。例如:甲子旬空戌亥。你用心走一遍,甲子、乙丑……在岁月的春夏秋冬里,太阳渐渐地朝北回归线而去,戌亥的飘逸就这样被隐去。也许我还惦记着你,因此悄悄地留下了伏笔,当甲戌来临时,我又见到了你,可是此时的你已不是你。

7. 男生问:老师,您说三合局是太极图中的等边三角形,可以代表一个组织,那么什么时候看成一个组织,什么时候又分别看?

一生二,二生三,三生万物。三就是一,一就是三。当看一的时候,是一个组织、一个公司、一个国家。当看三的时候,就是领导、干部、群众。当你觉得你就是你,公司是公司的时候,三合局不成立。一个公司的总经理,在公司的活动中,他是三合局的将星;在面对孩子的时候,他是父亲,已经不在三合局中。心有所住,方生其心。

8. 女生问:老师,您说六合是阴阳合,三合、三会是组织的合,为什么有时候,婚姻也可以用三合局、三会局合入?

国家,国是一,家是三。家庭,家是一,丈夫、妻子、孩子是三。三就是一,一也是三。

在国外,你代表的是中国人,这就是一。在外人面前,你代表的是你的家庭,这也是一。

9. 男生问:老师,如何区别时间局中的女人是女朋友、还是女同事?

女人只有当女人的时候才是女人,妻子只有当妻子的时候才是妻子。时间局本不动,只有心动,它才动。在夫妻的卧室中,这个女人就是你的妻子,当走出这个房间,看到孩子的瞬间这个女人就是母亲。

10. 女生问:老师,为什么用克我的官星代表丈夫。生活中常常见到的女人管丈夫如何理解?

男人在没有女人之前,还是一个男孩;男人有了女人之后,才会变成一个男人。官是一个名词,是一个古代荣耀的词,他首先代表的不是权利,而是责任。女人管丈夫,用的是食伤,不是官。也就是用唠叨,不用责任。一般男人没有实力的时候,会说女人太现实;女人没有实力的时候,会说男人太花心。

11. 男生问：老师,阳日干见天干的劫财,是否也叫羊刃,见比肩是否也叫禄？

五行类像是在天为像,在地成形。无有和,则生阴阳;阴阳和,则生天地;天地和,则生物;物和,则化形;形和,则化象。当其合时,就是羊刃,就是禄。时间局中,当甲见到乙的时候,你用分别心看,甲是甲,乙是乙;当你用合二为一的心去看的时候,甲乙是一,不是二。当这个一出现的时候,这就是禄,这就是羊刃,这就是根,在天有其像,在地有其形。

12. 女生问：老师,羊刃是否感觉总是不好,比肩好些？

所谓的十神,都是五行生克关系的一种别称。比肩、劫财是同性的五行关系,没有具体的好坏。羊刃就像一把刀,刀本身无好坏,喜忌关键看用刀的人;用刀的人,也没有好坏,关键看做的事。古人将同性的五行比喻兄弟、姐妹、朋友等。我对此的理解有以下四条：

朋友是你对的时候的掌声,朋友是你错的时候的镜子,朋友是你风雨中的一把伞,朋友是你迷茫时的一盏灯。这是朋友在一起学习交流,共同面对困难时的情景。

但在我们咨询的时候,当我们看到财的时候,比肩劫财常常代表的是破财、争夺。在家庭中多是为了祖产;在公司合伙经营中多是为了股权、利润和经营理念的不同。这些问题的发生起源都是恩,结束却是害。故恩生于害,害生于恩。镖局生意最好的时候,也就是强盗生意最好的时候。合伙公司最赚钱的时候,也就是争执最厉害的时候。

13. 男生问：老师,我看书的时候,常常看到用神、喜神、忌神、仇神等概念,但老师却常说时间局没有用神也没有忌神,我不明白？

不是没有,是有。太多的有,所以没有。所谓用神,就是有用的神;所谓忌神就是所忌讳的神。时间局本是静的,因为心动而动。有了比较、分别,生克就会心动。对我有利的称为喜,对我不利的称为仇。就一个时间局的字来说,同时存在有利和不利双重属性,所以说时间局中的字本没有喜忌。但具体待人处物的时候,就有了。

小明到海边散步,看到大海情不自禁地说:大海,母亲。一个海浪打到脸上,满身湿透。他忍不住大骂:你是后妈!大海是喜,还是忌呢?

14. **女生问**:老师,时间局相同,人和事会不会相同呢?

当然不同。世间没有两片相同的叶子,怎么会有相同的人。在五行学的世界里,相同的时间局结构关系,由于十神意向的不同,可以导致不同的演绎结果。

15. **男生问**:老师,那么在相同的时间、相同的地点出生的人,命运是否一样呢?

时间局是思辩的工具。既不是人,也不是事。生命是一种存在,生活是一种经历。

命运的存在是存在中的存在。五行的解释是为了解释的解释。历史可以惊人的相似,但却绝对不会相同。

四同生的人相同的是时间局的结构关系,相同的结构关系在阴阳层面上讲,存在着自我肯定和自我否定两个方面。就自我肯定的方面来说是相同的,自我肯定来自时间局本身表达;自我否定来自外界的条件,诸如时代、地域、种族、家庭等等。就像半杯水,肯定部分就是水本身;否定部分是以杯子作为参照物的,可以有半杯水,也可以认为没有半杯水。

16. **女生问**:老师,结婚的应期,到底是同居算,还是结婚证书拿到算?

爱是因为相互欣赏而开始,因为心动而相恋,因为互相离不开而结婚。这种零距离的结合就是夫妻宫定在一柱上的原因。

戒指好比爱情,戴在手上,也是戴在心上;伤在心上,便也伤在手上。当戒指不再是一生一世的承诺时,那终生相守的结婚证图章,就成了纪念伤感的烙印。

当一个人把爱情当做是长出的指甲,剪了长,长了再剪,无关痛痒的时候,就不论爱情,而论游戏。

17. 男生问:老师,很多人想知道,究竟离婚好,还是不离好,该如何回答?

爱一个人,不要随便牵手,更不要轻易放手。如果,不得不分手,也要心存感激,感谢他(她)给了你生命中的一段记忆。命运有着确定性的一面,就一定有着不确定性的一面。我们可以告诉他确定性的一面,但不确定性的选择权永远在他自己手中。尽量帮助他人,但不干涉他人的命运和因果。

18. 女生问:老师,如何看几段感情,哪段可以成婚姻?

在这世间,总有一些无法占有的感情、无法修复的失落。但它会一直刻在生命里,哪怕忘了他的声音,忘了他的笑容,忘了他的脸,可是每次想起他,那种感受,却永远不会变。这种情况我们称为有缘无分。时间局中有缘就一定能相见,无分就是无法长相守。关键的关键是看在适当的时间空间中,星位和宫位的关系。能合入、能化入、甚至能冲入就是有缘有分;不行就是有缘无分。

19. 男生问:老师,您说日支、月支都可以当婚姻来看。究竟是看日支还是月支,如何区别?

月在前,日在后,一般来说月上能和婚姻的星位有关联,代表感情动得早;日上能和婚姻的星位有关联,代表婚姻动得晚。无论哪个,只要能和婚姻星位有关联,就定那个为婚姻柱。如果你一定要区分,那么月支是恋爱宫,日支是婚姻宫。有时候,年上和时上也可以代表婚姻,不能执一。

20. 女生问:老师,如果两个都和婚姻星有联系,如何看呢?

月柱是月亮绕地球一圈形成的,也代表青春期。在恋爱的时候,你想象……在一个年轻的玫瑰花飘香的月晚,一漾柔波,撩了风动,软了尘心,你的他说:前世我们曾经约定……

日支和日元是一体的,是地球自转一圈形成的。也代表成年。你想象……长相守,意悠然,在天愿作比翼鸟,在地愿为连理枝。

你说两个都有,那么月上的那个早晚会成为杯中的酒,饮了下去化作了思念；会成为眼角的泪，落了下来变成了句点。

21. 女生问：老师，现代人大多不像您说得如此的古板，很可能是家里红旗不倒，外面彩旗飘飘。

很对，很对！当禄星外合或是夫妻宫伏吟的时候，也可能是满园春色关不住，一枝红杏出墙来。

22. 男生问：老师，在比赛时时间局中，如何定比赛双方的太极？

时间局有主客之分。日元为主，其他是客。日柱为主，他柱是客。日时为主，年月为客。原局为主，岁运为客。作用关系，总是客作用主。比赛、官司纠纷、采购、销售乃至招女婿，都可以分主客。主场为主，客场为客。被告为主，原告为客。

23. 继续问：如果双方没有办法分主客场，如何看？

五色可定，比赛的双方可以色定。八方可定，比赛的双方可以方位来定。五行贵在变通，随境而动。

24. 女生问：老师，十神如何分主客关系？

时间局中的十神本没有主客。如强要分主客，在初学的时候，以财、官、食神为主，以印、伤官、比劫为客。在理解十神意向后，既可以用客作用主，也可以反客为主。

以女人为主：男人忽悠女人，叫调戏；以男人为主，男人忽悠女人叫追求。以男人为主：女人忽悠男人叫勾引；以女人为主：女人忽悠男人叫爱要大胆说出来。男女双方相互忽悠叫爱情。

25. 男生问：老师，在论突发事件时，如何定义人和事？

初学时，以日元定义人，以时干定义事件。熟练后可以用十神六亲定人，用十天干、十二地支类象来定义事件。精通后，可以用十二长生宫定人和事的发生和发展。

26. 女生问：老师，时间局中如果见不到六亲的星，是否以宫位定义？

是的。当你对十神六亲十分理解并且对六十甲子很熟悉的时候，可以向实求虚。即用已经知道的十神六亲推导出没有见到的十神六亲状态。这要靠悟，无法具体教。

27. 继续问：老师，你常说要悟，那么如何悟呢？

大胜和大败一般理解为一对矛盾，正好相反。现在我说两句话你品一下：中国队大胜日本队。中国队大败日本队。

28. 男生问：老师，父母宫反吟伏吟是否代表父母离婚？

这样的情况很多，但不能一概而论。就像财星当令，印星伏藏在藏干内，有父亲再娶的意思一样，是一种经验的总结，值得参考。

29. 女生问：老师，我看时间局只能看到一点点事，但为什么有些同学可以看到很多事？

明者因境而动，智者随情而行。你看的是时间局中的字和学过的概念。而能说出很多事的同学，看的不是字，也不是一些名词概念，他看的是时间局的心路，时间局中的情理，时间局的画面。比如我说："女人如果没有了男人就恐慌了。"你看了就一句话而已，但会看的同学就会这样看："女人如果没有了，男人就恐慌了！""女人如果没有了男人，就恐慌了！"

30. 男生问：老师，本来对女人来说，生的食神和伤官，同性的为女儿，异性的为儿子。但为什么逢冲时常常是相反的，到底如何理解冲这个概念？

人要确定一个自我的存在，就要表达自己，当然我们可以称为价值实现。这种表达要通过爱别人、或恨别人才能确定，也就是通过爱恨情仇来解释自己。在我们的五行学上叫做刑冲克害。而所有的宗教都认为，你不需要解释自己，所有的相对解释都是由"一"来的，都是你自己，万物同根同源，所以主张慈悲、爱、平等。然而常人总是将外在的物质（包括人的控制）不断地纳入自己，希望逐步达到"一"。当得到的时候，外在的分离和相对性就会暂时的消失，然而在消失的同时，又会出现更大的相对性的人或物，这就是理想和追求，也是欲望和烦恼。命理学的功能是揭示这种相对性，宗教的功能是消除这种相对性。

你说的冲就是这样产生的，一个事物通过相反的东西表达自己就是冲。所以我常说，逢合论冲，逢冲论合。

31. 男生问：老师，学习阴阳五行的捷径是什么？

没有捷径。如果一定要说有，就是专一。所谓读万卷书，不如将一本书读一万遍。皇天不负有心人,三千越甲可吞吴。

32. 女生问:老师,如何才能学好阴阳五行?

通往高山的路总是曲曲折折的,只要你不放弃,你总会走到山顶,当你跨过了山峰,也就跨过了自己。如果途中,你累了、倦了、想回家了,那么你就停下来,找一块青石歇歇。当你回头看那来时的路时,你会发现没有人要求你直面悬崖峭壁,你也不需要说我没有攀岩的鞋、带钩的绳。只要你再走几步,就会发现在某个不经意的转角,还有一条路直达山峰。

33. 男生问:老师,如何在工作中看客户?

所谓工作,本质在单位这个"一"中,就是你的责任。官是责任义务,煞是你面对的困难。当你承担了这个责任,解决了这个困难,你就有了荣誉,有了权力。如何承担、如何解决就要看十神意向。有的人用化,有的人用合,有的人用制。

34. 女生问:老师,如何看读书教育?

读书大致分为我要读书和要我读书两类。这就要看我和书包的关系。书包重、我轻就是要我读书;书包轻,我重就是我要读书。

读书的好坏有三个环节,第一是好老师、好学校、好环境,这是外因。第二是好的家长的督促,这也是外因。最重要的就是我是否要读书,这是内因。

在判断的时候,没有内因,外因再好也不行;只有内因,没有外因也不成。外因通过内因起作用,内因通过外因而引发。读书是这样,其他也是这样的。

但读书好不代表有成就。因为吸收的印星能否发挥出来,还要看食神、伤官和财。

有的时候,不是读书无用,而是读的书无用。

35. 男生问:老师,如何看待时间局中的纯阴纯阳?

生活中,阳就像圆,阴就像方。

阳者说话想问题:崇高,远大,乐观,盲目,抽象,夸张,总是以高求大。

阴者说话想问题：具体，细节，有力，消极，隐约，刻薄，总是以低求小。

阳动而行，德生，可以说国，说天下。

阴静而藏，力聚，可以说人，说家。

因此阴多之人，多说病忧。阳多之人，好谈喜怒。

36. 女生问：老师，如何判断是病还是灾？

一般来说，病的形成总是长期的不良习惯和不良嗜好造成的，也就是内因导致的。我们可以从时间局的原局看出来。具体看法尽管千变万化，但总原则是平衡问题。或寒、或燥、或伤、或不流通。在细节上，根据五行的发生、发展运动规律最明显的是"病和衰"两地的状态。

灾的由来是外因导致的，是人生的轨迹在匀速运动中突然遭到外力的作用，改变了行进路线造成的。在细节上多见于岁运并临，天克地冲及空亡的填实。

37. 男生问：老师，时间局中的大运流年该如何理解？

所谓大运是由月柱根据阳顺阴逆的原则推导来的，五年一个循环，分阴阳就是十年。也就是时间局宏观的展开描述。

所谓流年，指的是每个年份在这个大运循环中的位置。

因此，大运是对时间局的一个阶段描述，流年是对这个阶段中的每一年的描述。两者都是时间局中像的展开过程，也是人物和事件发生的应期。

38. 女生问：老师，如何看调候？

都说女人是水，冬日里，天等着阳光而我等着你。都说男人是火，夏日里，天等着烟雨而我等着你。所谓调候指的是时间局中的寒暖燥湿的平衡。

39. 男生问：老师，为什么有人说"有病方为贵，无伤不是奇，格中能去病，财禄两相随"？

这是《神峰通考》上的名言。贵以病显，奇以伤显。世间万物本无法表达自己，于是空以色表达，色以空表达，无以有表达，有以无表达。一个人的成就是靠困难表达的。一块石阶问佛像，你为什么受到千万人的膜拜,而我却被千万人踩？佛像说：我成像时被千刀万剐,你成像时仅仅受了四刀。

40. 女生问：老师,如何理解虚实,显隐？

所谓虚实指：同柱的天干在地支有根,有生为实,有克有泄为虚。虚实是虚实,旺衰是旺衰。可以旺而实,衰而虚；也可以旺而虚,衰而实。在学习的时候,大是大,小是小,多是多,少是少,大不代表多、小不代表少。

所谓显隐指：天干为显,地支为隐。地支本气为显,地支余气为隐。夜晚,当你看到影子的时候,显得是影子,隐的是月光。当一个男人手机铃声设置是"起来,不愿做奴隶的人……"的时候,显的是铃声,隐的是老婆。

41. 男生问：老师,有时我们知道一些事,又难以启口该如何办？

知之为知之,不知为不知是诚实。以不知为知,知不知是虚诈。以知为不知,不知知为智慧。

有一天,我遇到了一个时间局,不知道如何开口,于是就讲了一个故事：古时候,有个人娶妻后,又娶了个妾。他对妻妾说,如果晚上我喝白酒,就会和妾睡；如果我喝红酒,就和妻子睡。第一天,他喝了白酒；第二天,他还是喝了白酒；第三天,他说,白酒真的很好喝,于是还是喝了白酒。他的妻子,悄悄地把红酒拿走了,她想：既然那么喜欢喝白酒,就把红酒给客人喝吧。

42. 男生问：老师,什么叫自刑,什么叫反吟伏吟？

心因境动,情随心行。格局和口诀有助于你理解五行的概念,当你理解后,就要放下这些概念。

比如说,亥亥、酉酉、辰辰的自刑。说的就是一种选择,既相同又自相矛盾的选择。

所谓反吟伏吟,其实就是两个相同的字同时出现,这是自刑概念的延伸。人生最难的就是选择,是非成败都是因为选择。但每个人都希望完美,追求完美本身就是一种高级的弱智。自然界没有真正意义上圆的物体,就不可能有完美的人。于是反吟伏吟就成了困惑和苦恼,为了摆脱这种困扰,就会犹豫,心一犹豫,人就会动。结婚是这样,工作也是这样。有些时候,东边日出,西边雨;有时候,东边是雨,西边还是雨。

43. 女生问:老师,什么叫自刑,什么叫反吟伏吟?

说好忘记你,偏偏又想起。虽然曾经答应了你,我却还没答应我自己。虽然很努力练习着忘记,但那种感觉还是那么清晰。

心中的思念一直不曾走远,记忆的长线一直在脑海中盘旋,却不得不接受分离的誓言。不经意中你再度出现,飘散在空中依依的目光沉浮在当初分手时的承诺间。想伸手去抓住思念,耳边,声声的后悔却又响起。要分开真的不容易,怎么做都很难。

44. 男生问:老师,三合局没有将星算不算合局?

三合局是三个点在太极中形成的一个等边三角形。在太极图中有四个这样的局,分别是:申子辰水局、亥卯未木局、寅午戌火局、巳酉丑金局,其中:申子、亥卯、寅午、巳酉这种组合叫生地半合;子辰、卯未、午戌、酉丑叫墓地半合;辰申、亥未、寅戌、巳丑叫拱合。拱合一般不论合局,只有在岁运将星填实的时候论合局。但五行学贵在通变,不能执一。在恋爱的时候你也可以将它看成是暗恋。

45. 女生问:老师,三会局中有没有半会局?

寅卯辰、巳午未、申酉戌、亥子丑,四个会局。其中,卯辰论穿害,午未论合,酉戌论穿害,子丑论合。寅卯、巳午、申酉、亥子,可以论半会。三合局好比是一个公司,有目标,有纪律,有领导,有干部,有群众。三会局好比是一个协会,有共同的爱好,有会长,有理事,有爱好者。

46. 男生问:老师,您说巳酉合可以论生地半合,那么巳火就不克酉金了吗?

巳火是蛇,主变化。金旺则合化金,金弱就克金。合的时候存在克,克的时候也存在合。人身体中最富有变化的是舌头。

47. 女生问:老师,在时间局里,一个日元出现了两次,您有时说是一个人,有时候说是两个人,到底是一个人,还是两个人?

一花一世界,一叶一如来。当论一个人的时候,不可能是两个人;当论两个人的时候,也不可能是一个人。有一天,有个面包很饿了,它想了想后把自己给吃了。

48. 男生问：老师，既然我们对时间局这么理解，是否可以用来做股票发财？

做股票当然可以用五行学来把握时机。但是，在你没有进入股市前，你看股市是一个太极。当你进入股市的时候，又是另一个太极。参与者和参与的情景共同会构成一个太极。这有点像螳螂捕蝉，黄雀在后。当我们在局外的时候，也就是我们看到螳螂捕蝉，黄雀在后的时候；当我们在局内的时候，我们会觉得这个蝉很傻，螳螂也很傻，黄雀很聪明。其实当我们在拿枪打黄雀时，我们不知道谁在我们的身后面。所以，看对很容易，做对不容易。

49. 女生问：老师，您是如何理解时间局中的投资？

提到投资，大多数人都以为是一种钱生钱的商业行为。其实，我们每个人的最初资本只有一样，就是时间。在人生的这场期货式的投资过程中，有的人得到了权力，有的人得到了金钱，有的人得到了名声，有的人得到了朋友，有的人得到了知识。只有那些用羊刃劫财，并且带杀的人，才适合在股票期货中搏杀。在这个没有对错，只有输赢的世界里，每当我看到那艳丽的K线图时，总觉得是那些用正官、正印、食神的人用无数的鲜血和泪水染红的。

50. 男生问：老师，您上案例分析课的时候，说暗合是租房子？为什么不能是悄悄地买房子？

熟记和理解的结合，是学习五行学的不二法门。学习五行学的过程是改变你看问题方法的一个过程。

暗合本身没有说是买房子，还是租房子。只是告诉你，在合的时候还有其他的东西存在而已。如果你能仔细地看看这个存在的其他人的情况，你就知道是什么了。

51. 女生问：老师，为什么暗合常常是偷情的标志，但又不是绝对的？

这是一个一模一样的问题。五行学之所以称为玄学，是它的思维模型和一般常人用的不太相同。它需要跨过事实一步，再回头看事实。

52. 男生问：老师，如何才能做到改变自己的思维模型？

女生问：老师，如何才能跨过事实本身？

到生活中去感受生活，领悟五行的体用关系。当你用学过的五行学，理解了一些平常已经理解的东西时，你才能真正理解五行的妙用，并乐在其中。天干有十，地支十二。天干永远快于地支，理想永远高于现实，因此在生活中，我们对于未来的期待本身常会跨越事实，但具体到实施的时候，我们需要倒退，再倒退，一直到原点，这个原点就是现在能做好的事。

53. 男生问：老师，如何理解偏印星在对待孩子的教育方面的心性？

一般书上常把偏印星比喻成后妈。这是有点偏颇的。其实每个父母都是将自己所能给的最好的东西给了自己的孩子，天下无不是的父母。只是偏印用的手段和方法和一般人比起来有些偏激，到底偏激在什么方面要看五行的本质而定。一般而言，就是想要未必给你，不想要也得要。如果孩子能接受吸收，将来有可能会有创造力、想象力。不能吸收和接受，则会孤僻、冷漠。

经过了岁月沧桑的父母，总是相信他们可以理解的东西，然后用针和线辛苦地将它织成外衣披在孩子的身上，正印星比较传统些，偏印星有些另类。但他们大多不愿去理解他们的相信，因为这是他们父母和他们的时代的事了。

54. 女生问：老师，您常说分析时间局要有味则出，无味则入。该如何理解？

这是烹调技术的一种说法。简单说，就是有味道的东西，你要将它的原汁原味烧出来；如果没有味道，你要放入有味道的东西，使它有味道。

分析时间局，如果很复杂，你就要将它读出来；如果很简单，你就要将引发的各种外因融进去，使它有味道。但原局还是第一中的第一。

55. 男生问：老师，偏财为父，有时也为情人，如何区分？

这个问题其实很简单，一方面论父亲就是父亲，论情人就是情人。

另一方面，父亲是和母亲关联的，情人是和夫妻宫关联的，妻子是和子女关联的。简单的用一个十神定义父亲和情人不是我们用的方法。

在论第一次婚姻和第二次婚姻也是这样的，绝对不会是一样的。相同的十神不同的排列，结果是不同的。

56. 男生问：老师，时间局中的十神意向是否就是生活中的目标？

你说得很对。西方的成功学说了很多实现目标的方法，值得借鉴。不过它十分强调绝对。绝对的热情，绝对的坚强，绝对的勇敢，乃至绝对的宽容，绝对的无怨。这种永不放弃的精神是很值得学习的。

在一些时间局中，比如整个时间局围绕以木借火刑金，火借土制水的状态，这种逆行反制的人，是需要这样的勇气和决心才能成功的。然而，很多人是用水制火，用金制木的，这种人就需要顺行。如果逆行就会不断地受伤，生活中这些来自上天的宠儿有一种特有的孤独和骄傲，为了证明和表现往往会折腾。生命有着其独特的节奏，你设定的目标要符合这种韵律才会幸福。

57. 女生问：老师，命运是由性格造成的，那么性格是由什么造成的呢？

时间局是一个人，也是多个人，乃至所有和你有缘的人。其中最重要的是你的六亲，也就是爸爸妈妈、兄弟姐妹、爷爷奶奶，外公外婆以及子女。看时间局的时候，你是没有"我"这个概念的，也就是无我相。你的性格的原始生成，小时候就是你的六亲；长大后轮到你的同学、老师、领导和朋友了。在先天上，天地用其独有的方式造就了你；后天上，你周围的人用他们的言行举止成就了你。

在五行学的世界里，时间是经，空间是维，就这样纵横交错形成了人生的悲欢离合、喜怒哀乐。生活在其中的你，也许很茫然，如果你肯仔细的回忆，慢慢的追寻，你就会领悟到每个节点上的爱恨情仇都是你快乐和忧伤的来处，同时也是你性格形成的原因。

58. 男生问：老师，如何把握时间局中的人物性格？

初学性格的时候，只要理解十天干和十二地支的基本属性，就可以论性格了。等到熟练掌握后，就要从五行的全息理论来理解。我讲几点自己的体会供你参考,但不可执一。

(1) 阴阳的对立统一方面

性格形成时,那些来自家庭和时代的影响同时存在。人的长处必然是他的短处,优点必然是他的缺点。人内在的这种矛盾的相互冲战,相互转化是生命的一种展现方式。

(2) 空间和时间的统一性

空间上相遇的有缘人,和时间有着天然的联系。时间的节点上所呈现的万象和空间也有着天然的联系。相同的空间、不同的时间,性格风貌是有差异的;同样相同的时间、不同的空间,性格表现也是有差异的。但这种性格差异性并不排斥性格的稳定性。

简单地说,在年月外在空间上叱咤风云的项羽,到了日时内在空间时,有可能百炼钢化成绕指柔。年月(少时)调戏宫女的嬴政,并不妨碍日时(成年)成为一代英雄伟人。

但这种差异性,并不能排斥性格本身的定向性。就术语来说,甲是甲,见到己的时候,甲己合化为土。乙是乙,乙见到庚的时候合化为金。这里的土和金就是差异性,但甲木和乙木的定向性的木还是存在,并一直存在。

(3) 时间的流动性和多样性

性格的构成是整个时间局共同完成的,具有多样性。但这种多样性不是简单的相加,是有机的组合,它的整体组合要像时间一样具备流动性和无缝的平滑连接性。

(4) 性格论中的错误

一般人总是认为有一个统一的我的性格,事实上在时间局的构架中并不存在统一的一个我,而是存在多个我。一个人的性格拥有选择性,没有统一性。在生活中,遇到不同的人,你会发现自己的性格是不同的。

59. 男生问:老师,子和午到底是阴还是阳?

时间是一种平滑的过渡。子午是阴阳的一种过渡转换过程。初学的时候以子对应癸水,午对应丁火来论事。等熟悉后,子可以对应壬癸,午可以对应丙丁。巳亥的用法也是如此。

60. 女生问：老师,我在整理笔记的时候发现很难归类,因此很苦恼。

阴阳五行学是一种全息的学问,你用现代学科制的方法分别归类记忆当然很苦恼。就像我问你一加一等于几？没有标准答案。可以是二,可以是十,可以是个田。8 的一半可以是 4,可以是 0,也可以是 3 一样。

61. 男生问：老师,我发现一种方法,记忆六十甲子很方便,不用死记硬背。

五行学基本功需要以拙胜巧,五行学的技法需要以无胜有,五行学的咨询需要以静制动。基本功学习的过程中,记忆有多方便,实践就有多不方便。

62. 女生问：老师,上课的时候能不能先给一个明确的说法,以后再慢慢的纠正？否则很难学习。

经过十年的探索,老师认为对和错、是和非、好和坏、喜和忌都要放到两边才能领会五行的本意,开始越明确,将来就越糊涂。建议从糊涂中学起,从明白中出来。有多少人学易十年而不会应用,没有别的原因,就是他的分别心太重了。你说的方法是,身是明镜台,心是菩提树,时时勤拂试,勿使惹尘埃的方法,也是目前各种培训机构用的方法,但不是我们的方法。

63. 男生问：老师,改善命运该如何着手？

从时间局的太极点着手,也就是不将生命的力量浪费到毫无价值的事件中,并用行动去克制自我形象的纠缠,从而逐步摆脱自我重要感。

64. 女生问：老师,改善命运该如何着手？

我们要有勇气沉默认命,却绝不愚蠢地盲从。时间局中的刑冲克害穿都是自我矛盾的冲突。当一个母亲不断在孩子面前证明丈夫无能的时候,她其实在证明自己的牺牲和付出,只是她不知道当她打败了自己最亲密伴侣的时候,自己也会输了一切,并且会将这种信息图像传给下一代。没有结婚的时候,夫妻宫是你;结婚后夫妻宫是他,也是你。

65. 男生问:老师,我们不按格局论命,那么如何判断一个人的成功呢?

一般人对于成功有两个标准:

阳的一面是物质:就是金钱,权势,地位等等

阴的一面是精神:艺术,喜乐,宗教等等。

每个人对于成功会有自己不同的标准,我们一般以十神意向的成败论成功与否。简单地说就是:一个人能以自己认同的生活方式生活就是成功,反之则不成功。

66. 女生问:老师,如何看待有钱人和没钱人的时间局?

有钱没钱,其实是一种境缘。我个人的观点是:没有钱的人买自行车到马路上骑,有钱的人买自行车是回家骑。

你的故事要你去说,我的生活要我去过,春夏秋冬,我们只能各占一个星座。

67. 男生问:老师,您常说时间局无喜忌,只是人生的一种写照,但我在实际论事的时候常常能判断出和六亲关系的好坏,这是为什么呢?

时间局本无喜忌,但具体到时间局中的具体事和人的时候就有了喜忌。这是对立的统一,并不矛盾。举例来说,你如果发现母亲宫和星是忌神,你就会发现实际确实如此。但如果你一再证明你的判断是对的时候,你就会陷入宿命论的泥潭。如果这个人想改善自己命运的时候,你就会束手无策,因为喜忌是从自我太极出发的一种观点。

68. 女生问:老师,当子息宫对日元很不利的时候,我发现孩子的教育常常是个问题,该如何解决呢?

一般的父母总是希望自己的孩子能成龙成凤,如果时间局很顺利当然很好,当时间局不顺利的时候,就要对时间局进行太极的调整,这时候所要做的不是考虑一个母亲需要什么样的孩子,而是一个孩子需要什么样的母亲。所要坚持的原则只有一个,孩子永远是对的。

69. 男生问：老师，穿害的用法中，原局有合局是否更严重些？

穿害的形成是因为有合局的存在。原局的有无是内在的必然性问题，是内因和外因的问题，不是力量的大小问题，也就谈不上严重与否。一般来说，原局有就是一定会发生，原局没有，岁运带来的是可能发生。

70. 女生问：老师，时间局中如果很简单，我常常看不出什么来，怎么办？

我常说有味则出，无味则入。原局复杂，就复杂地读出来；原局简单，就加上各种五行基本常识，将简单的东西读出不同的味道。这就像中国的烹饪技术，一块豆腐，你可以用不同的佐料烧出不同的味道，但看到的、吃到的还是原局的豆腐，比如说，子加一个丑就是一种味道，加一个申是另一种味道，你只要将不同的岁运加入，就能读出不同的味道来。当你能熟练地运用这些五行基本常识，就可以无中生有，以虚御实。

71. 男生问：老师，如何看时间局中的死亡？

死亡是一出生就被决定的一种安排，在具体的时间局中则是一种意向。鉴于人的自我防御机制的需要，一般人会限于一种自欺的感觉中，仿佛相信只要不去想死亡，就能避免死亡。这种想法对于自我保护，不为死亡担心是有其意义的。但就实际的效果而言，这种自我模式的保护则是一个笑话。就阴阳五行的理论来说，如果生命的展现是阳，那么生命的死亡就是阴。有生必有死，这是秩序，这是规律。

在生命的过程中，就阴阳来说其实只有两个参与者，一个就是自己，另一个就是死亡。一个是主，一个是客。这种主客的关系在每个人的时间局的十神意向是不同的。有的人认为死亡是客是一种煞，是对我们的摧毁，是一种无情的压迫。有的人认为生命是客是对死亡的挑战。生命的意义就是超越自己击败死亡。这样就会产生两种不同的人生态度。但一般人鉴于对自我重要性的基本认知，会认为自己是主，死亡是客。

72. 女生：老师，如何看时间局中的死亡？

时间局中的死亡主要看食神，其次是伤官，也就是我生的五行。生命是一种展现,如果无法展现就意味着死亡。辅助的看就是禄和印。禄代表身体的物质器官,印是生我的信息和能量。

在看的时候,要注意看最弱的而不是最强的。一般来说有克无生,全局没有救应,才论死亡,只要有救只能论有灾难。在应期方面,要重视墓库的区别,弱而伤入墓,多而旺入库。死亡的应期常常和墓有着天然的联系。

73. 男生问：老师,如何能改善时间局的自我运动模式？

这是个很难用语言和概念描述的问题。在五行学的世界里像这样的问题无论如何回答都会有自相矛盾的地方。但具体到一个人或是一件事则不会有矛盾。我就这个问题简单地说一下,但不可执著于说的文字概念。

人一般执著于日常世界的一切像,无论是图像、声音、感觉还是味道,而这一切体验的结果仅仅是一种自我的反映,并不是这个世界的真实存在。我们看到的、听到的,在人体都是被限制过的一种体验。

第一层限制就是感觉器官,你的眼睛、耳朵和鼻子都是被限制过的。同时这种限制还进行了分类。于是你感觉的世界并不是一个全息的世界。

第二层就是你的经验和信仰。当一个世界的存在经过你感觉器官的过滤,进入你的意识后,你的意识将会对这些东西进行再加工。这种加工会带上你的经验和信仰,美化它们或丑化它们,于是有了分别和偏见。经验的产生往往从你在母亲怀孕就开始了,而信仰则是后天的教育导致的。

人大多时候是活在这种自我反映的镜缘之中,并以自我为中心建立和世界联系的一种太极阴阳五行的自我运动模式中。而人以自我为中心能保持对世界认知的稳定性和一贯性。就心智而言是十分必要的一种保护。于是每个人都会有一种天然的自我重要感,并常常认为自己是对的。然而在十分孤独、发高烧、遇到危险、极度愤怒的时候,我们会出现一些奇异的感觉经验,这种经验并非是期待、假设、想象,而是一种直接的体验。对此我们一般会感到害怕和恐惧,又感到十分的有吸引力。一般人由于经验认知和信仰教育,会回到自己的模式中,这样才能保持自己建立的太极稳定运行。如果无法回到自己的运动模型中,就会出现身心分离的现象。当人有两个以上的太极中心出现时,就会有奇异的感觉和功能。如果无法控制就会出现了人格分裂,或精神分裂。

要改善自我这种运动模式是十分困难的一件工作。就我们常人而言,比较好的办法,是后天的教育和信仰。而做到这点必须要让自己走出自己的镜缘来回看自己。也就是在不改变太极的基础上,将主客关系先换一下。这就是反省,忏悔。每个成年人只有自己才能成为自己的老师,其他人仅仅是提供一种辅助的帮助。一个人只有自己有改变的意愿才可能被改变,这就是所谓信则灵的道理。一个人的自我重要性和自我中心性如果改变,会出现心智稳定性的问题,所以大多数人是拒绝改变的。也因此我们可以算准别人的命运。

如果一个人愿意改变,那么首先要做的就是反省,只有深刻地反省和忏悔才有可能摆脱命运中那些无始无终的纠缠,重建自己的生命运动轨迹。

如果一个人愿意改变,还可以将自己的意愿专一集中,使自己有一种极为清晰的目的感和使命感。当这种目的感和使命感可以做到不被任何相对的利益和欲望干扰的时候,命运的轨迹也会根据意愿有所改变。这就是不以自己为中心,而是以自己的十神意向为中心。其实古代所谓的从格,说的就是不以自我为中心,以十神意向为中心的一种特殊论命方法。

74. 女生问:老师,如何反省和忏悔?

关于这点古今中外有很多的经典可以参考。一般人检视过去,无论是个人的过去,还是历史事件的过去,都是替自己当下的行为或未来的行为寻找一个理由或解释,并尝试建立一种模式。

而我们阴阳五行学说的反省,主要目的是审视整个自我反映模型的运行规律。并找到这个规律中和自我形象不断纠缠的关键点,并能理解自己、原谅自己,同时理解他人、并原谅他人。

这种反省最重要的就是用自己心灵去感觉自己感官受到的种种伤害,体会这些纠缠的由来,而不是用感官去体会自己的心受伤害的过程,产生一种自怜的意识。

大多数人的生活是很机械的,很难有一种自我存在的察觉。反省的根本就是要你能感觉到自己的存在,同时又能感觉到客观情景的存在,然后将两种统一起来。最好的反省不是找一个固定的时间来检查自己的错误,而是在明晰自己时间局的条件下,常常告诉自己:我在。

75. 男生问:老师,五行的行到底是什么意思?

这个行,用现代的词汇来解释,可以代表能量的运动形式。运动分运和动两种形式。运是一种内在看不到的动,动是一种外在看的到的动。

76. 女生问:老师,为什么叫阴阳五行?

阴阳用现代的词语解释为对立统一。五行指五种能量的变化。阴阳五行的说法是指阴阳中含有五行的变化,也指五行中有阴阳的变化。他们的关系是同时存在的。儒家思想是修身养性、齐家治国、平天下,看上去很积极乐观为阳,那么我们就应该知道,这门学问一定很传统和保守。道家思想,恬静虚无、无为而治,看上去是消极,我们就该知道这门学问一定可以用来法治和打仗,最是积极主动。

77. 男生问:老师,太极、阴阳、五行的关系是什么呢?

太极指的是一,这个一没有大,没有小。当然有的人也说是皇极,元极。太就是其大无外,其小无内。极就是现代数学中的无限的意思。太极是含有阴阳的,阴阳是含有五行的。阴阳五行说的是运动变化,但既然有变化,就有一个永远不变的东西,这个东西就是太极。有人说永远不变的就是变化,很有哲理。不过太极是道、是佛、是神、是不可说的真理。因为这个东西是唯一,是永恒,是一切一切的特殊性中的普遍性。它存在于一切中,但一切都不是它。

78. 女生问:老师,什么是生克?

生克是两种五行的作用关系。比如说表扬你就是生,批评你的就是克。在学习过程中,很多人喜欢将生理解成好,将克理解成不好。这不是五行学的思维模式,因为批评你的人,也是对你负责的一种表现。也就是说,该生的时候要生,该克的时候要克,生克没有好坏之分。

79. 男生问:老师,什么是贵人?

所谓贵人指的是,在你需要帮助的时候能够帮助你的人。在时间局中,你可以看出哪一类人是你的贵人。在我的体验中,他们大多是你的父母、妻子、亲戚、朋友、直接领导等等。现实生活大多数人认为贵人就是大人、圣人。这种理解很片面,有权有势的人为大人,这种人如果能成为你的贵人当然力量很大,但他们未必是你的贵人。圣人一般指道德修养极高的人,这种人不会帮助你,只会教训你。

80. 女生问:老师,如何在生活中找到贵人?

从专业的角度来说,你可以用神煞和喜忌来寻找。但喜非永喜,忌非永忌,要在恰当的时间取用。从一般的人体验来看,就是看你周围的有缘人,什么人总是在你最困难的时候能帮助你。这种看法一定要抛开你五官的感受,用一种客观的、非我的理性去看。在看的时候,必须有二个角度。妈妈的关心和唠叨应该是同时来的,贵人的帮助和你的感恩应该是同时具备的。要找到贵人,先学会感恩。

81. 男生问:老师,为什么说沐浴可以代表桃花?

一个男人如果每天都沐浴更衣,就是代表他恋爱了。甲在子,是用房子、自己的公司或权力以及学问。乙在巳,是用甜言密语和工作。丙在卯,也是工作单位、学识。丁在申,是用金钱和地位。戊在卯,是用勤奋努力和工作。己在申,是用技能和良好的态度。庚在午,是用自己的工作成绩和体面的打扮。辛在亥,是自己的形象和学识,包括一份好的收入。壬在酉,用的是自己的聪明和修养。癸在寅,用的是善良、直爽以及给予帮助。

82. 男生问:老师,什么是信仰?

相信有一个无所不能的伟大存在,并决定将自己一生都交付给你相信的存在,你就有了信仰。

83. 女生问:老师,什么是信仰?

信仰的关键在信和仰。所谓信,就是没有什么可以斟酌,没有什可以盘算,更不存在什么计较。不可思议,不可研究,不可讨论这就是信。所谓仰,就是虔敬和赞美。

84. 男生问:老师,什么是占卜?

极数知来谓占,通变为事,阴阳不测谓神。五行学中有象、数、理、通、变五个方面的学问。一般书中介绍的大多数是象、数、理三个方面。其中象数用现代话来说就是自然科学部分;理属于哲学和社会科学部分;这个通不仅仅指融会贯通的意思,还有都相通和相关联的意思;变就是变化,通了后能变化,变化后就能通。

根据象、数、理知道未来叫做占。人和物的各种相互关系变化叫做事。

所谓占卜中的通变有三种情况:

第一流的人才知道未来的变化,在事物将变未变的时候,引领它来变化。

第二流的人才在事物已经开始变化,把握住机会及时调整自己来适应变化。

第三流的人才在事物已经变化了一段时间,然后跟在他人后面变化。

如果事物已经开始变化,但还是不知道变化,就是死板和僵化。阴阳五行在不断变化中进行着,因此阴阳五行学的思辩模型中,没有死板僵化的永恒。其中包括了对和错、善和恶、好和坏。

所谓神,这个神是指形而上的符号名称。你可以理解为上帝、佛、道等等那些不可说,不可说,一说就是错的抽象。当然本质上它是存在的,不过这个存在本体不在阴上,也不在阳上,阴阳仅仅是它的用。因此阴阳是无法测量它的。

很多人认为,手里拿个铜钱摇啊摇叫占卜,其实这不是占卜,叫算卦。就像一个女人说:他不爱我。然后痛哭,不叫爱情,叫哭。

85. 女生问:老师,什么是缘?

我相信缘是生命中自我的展现,我相信缘是上苍的一种安排。我相信你我的相遇是一种共同的意愿。如果世间真有轮回,那么我们今天的相逢一定是为了能够相互明白。尽管一切都是那么的模糊,无法仔细地分辩,也无法一一的诉说,然而恍惚的感觉中,总有一种未了的等待,就中还有那么多期盼。

86. 男生问：老师,什么是暗合？

暗合就是当相合的时候,不是很纯粹。在现实生活中,比如单位的挂靠、借资质等；在住房的时候,只有使用权,没有所有权。在军事中,暗中投靠或间谍活动等等。

87. 女生问：老师,什么是暗合？

你听我说两段暗合,自己体会一下吧。

暗合（一）

其实 我盼望的

也不过是像一棵树那样和你站在一起

而根却能相握在地里

当一阵阵的风吹来　相互回应的叶子可以相触一直到云里

我知道　没有人听懂我们的言语

只是因为我们仿佛永远分离　却又终生相依

暗合（二）

我没有奢望得到你的一生

与你相遇

只愿能深深的相爱一次再别离

可是

我感觉总是有第三个人在你身边

然而

我数来数去,发现只有我和你

88. 男生问：老师,如何理解偏官星是情人这个概念？

偏官星是比较大的压力和责任,是挑战、是征服、是追求。追女孩子当然可以用这种方式表达。

89. 女生问：老师,为什么说偏官可以当情人来看？

偏官是压力,有制化的时候当偏官看,没有制化的时候当煞来看。

我说一段现代诗歌，你体会一下：我站在家中倾听他的脚步声，那时候我感觉，树叶静了，风停了。只有那脚步声在心房中敲击，我始终无法让它平静。当爱来了，坐在我身旁，我的身躯震颤，我的眼睑下垂，夜更深了，风吹灯灭，云片在繁星上曳过轻纱。

90. 男生问：老师，一般说伤官见官不好，但又说金水伤官可以见官？

你可以从很多角度去理解。比如金水是秋冬，水的伤官需要调候，就需要阳光这个官星。又比如金水伤官的女人一般金白水清，有魅力等等。

你想理解的话，看看这段经过改编的金水伤官女人的内心读白：

来吧，如果你总是想用茶壶将茶杯灌满，那么你就来吧。来到我的湖水中，你的围纱将褪落到脚上；如果你想撒下嬉游跳进水里，那就来吧，蔚蓝的水将没过你，盖住你，它是清凉的，深到无底，它沉黑得像无梦的睡眠，在它的深处，黑夜就是白天，白天也是黑夜。如果你想投入死亡，那就来吧。

91. 女生问：老师，婚姻中官星当丈夫看，和偏官星当丈夫看有什么不同？

官星是本位，偏官星是偏位。

正官星对婚姻爱情的理解大致如下：爱情本该是一种定义，手握着手，眼恋着眼，这样开始了我们心的纪录。这是一个又予又留，又隐又现的游戏；有些微笑，有些娇羞，也有些甜柔地、无用地抵拦；我们付出、我们获取，这就够了。我不明白为什么要探求现在以外的神秘，也不理解为什么非要将喜乐压成苦酒，然后举着那空空的酒杯去寻找希望以外的魅惑。

92. 男生问：老师，为什么您常要求我们要清晰地理解基本概念，却又在教材上总不明确地定义？

文字是人写出来的，生命却不是写出来的，而是靠人活出来的。我们在万物的运动中存在，时间却在我们身体里运行。概念的理解靠的是体悟，不是靠文字的定义。

93. 女生问：老师，为什么您常要求我们要清晰地理解基本概念，却又在教材上总不明确地定义？

没有一支笔可以画出一个季节的颜色，没有一把尺可以丈量出人和人之间的距离，一切的语言都是重复，一切的生活都是没有结局的开始。

94. 男生问：老师，我是学管理的，您能不能就阴阳五行学来谈谈领导的艺术？

公司的管理在五行中就是一个做局的概念。领导就是将星，将星的本质是气专。所谓气专指的就是将自己的精力和时间用在想要成就的事上。因此安定从容是领导必须的素质，而其中最重要的就是一个定字。要做到定，就要静，要静就不能过多参与事件本身。只有将星的静定才能成就整个局的目标和方向。所以，唐僧是将星，悟空不是将星。因为阴阳五行学中只有静定才能产生太极，智慧是围绕静定转的，而不是静定围绕智慧转的。

95. 女生问：老师，我是学管理的，您能不能就阴阳五行学来谈谈领导的艺术？

公司管理中的将星就是领导，而所有的将星都是阴不是阳，也就是说在管理中，成于阴而显于阳是领导做事的原则。简单地说，就是说了才做，还是做了才说。也可以理解为领导做事要注意保密。所谓君不密则失臣，臣不密则失身，己事不密则事不成。

96. 男生问：老师，您说将星主要的特点就是气专，是不是做事要有恒心？

这样理解是对的。子午卯酉四个将星除了气专外，还有就是它们占据了太极的四个正位。也就是作为领导除了要气专外，就是要中正。中正不是做人道德品质的好坏，中正最重要的体现在赏罚，赏贵信，罚贵公。

97. 女生问：老师，您说的将星气专在实际运用中是否就是要有目标、计划、步骤？

这样理解是对的。子午卯酉四个将星担负着整个局的方向问题，因此要做到气专的前提就是制人,而不被人制。人若被制,则命运就掌控在他人手中。而要制人必须以知人为前提,而知人的工具最好莫过于阴阳五行学说。

98. 男生问:老师,什么争合?

天干的争合指一个甲见到两个以上的己,或一个己见到两个以上的甲。地支的争合一般指日支。比如一个子水见到两个以上的丑,或一个子水见到两个以上的申或辰。这种情况叫争合。

如果论工作,一般代表两份工作,两个公司等等。具体还需要看是如何争的。比如两个申是争合一个子水,两个子水争一个申是不同的。年月争合日,这是外争;一个在年月、一个在时上叫内外相争。另外还有一种争合,比如说,一个卯争两个申;或相反,一个申争两个卯,诸如此类这叫做暗争。

99. 女生问:老师,如何理解感情中争合?

爱情是两个人之间的幸福,当爱情中出现第三个人的时候,就不得不承受痛苦。当一个甲面对两个己,或一个己面对两个甲的时候,就出现了争合。在别人爱情里出现也许是命运的一种安排,活在其中的人很难定义是对是错、是幸运还是不幸。幸运的是找到了自己爱的人,不幸的是自己爱的人并不是全然爱着自己。当人们在命运那根没有绳子的线的牵引之下,无法控制地去守护自己所爱的人的时候,常会发现自己陷入一种难以自拔的矛盾,不知道是该卑鄙地拆散他人,还是该道义地成全别人。我常常会被他们感动,也常会为他们心痛,我看到了他们在得不到承诺情况下的真诚。我很想对他们说一句:有情人终成眷属。

我更想对无法全然爱着他或她的人说一句,珍惜身边的人吧,就为了她或他的这份真诚。

100. 男生问:老师,什么是进气和退气?

你说的这个概念是《滴天髓》中的概念,其实就是十二长生宫的用法。进气是从胎开始,到帝旺结束;退气就是从衰开始到墓结束。十二长生宫说的是事物和人的状态,并不是旺衰平衡的问题。从人的角度来看就好像是胎儿到死亡的一个过程。从事的角度来看,就像是一件事物从酝酿开始到事件的结束。

101. 女生问：老师，在时间局中如何看前后左右上下等方位？

这是个很好的问题，也很复杂。我先说一些，你参考，但不可执著。一般来说，天干是容易看到的地方，地支是不易看到的地方。年月为上身，日时为下身。天干在前，地支在后。寅卯辰在左，申酉戌在右。巳午未在前，在顶（其中巳偏左，未靠右）。亥子丑在后，在尾（其中，亥靠右，丑偏左）。旺的空间比较大，衰的空间比较小。

102. 男生问：老师，如何区分主客？

一般而言，时间局为主，岁运为客。在一个时间局里，日时为主，年月为客。在日时里，日为主，时为客。在日中，天干为主，地支为客。

103. 女生问：老师，如何理解主客关系？

一个事件的构成，可大致分两种情况。其一是人与人的关系，其二为人与客观情况的关系。人与人之间的关系，总是以咨询人为主，被咨询人为客。人与客观情况的关系，也是以参与者为主，客观情况为客。虽然大多数理论上说是以客观为主，但本质上，还是由主对客的认知来决定的。这种主体对他人或事件的客观情况的认知，往往带有先天的偏见和缺陷，正是这种先天的认知缺陷导致了主客之间的生克关系。因为在绝对意义上，主客是相互作用，相互影响，互为体用关系。在相对意义上，是客体作用主体的关系。

104. 男生问：老师，您常说天干是表象，地支是本质，我该如何理解？

如果天干是人的行为表现，地支就是这种表现的内在想法。可以表里如一，也可以心口不一。如果天干是一个人的思想意识，那么地支就是它的潜意识。

105. 女生问：老师，您常说实不代表好，虚也不代表不好。我很难理解。

在人的感官认知过程中，事实并不重要，重要的是你是否相信这种认知。就像一对热恋中的情人，对方的客观事实并不重要，重要的是相互的认知。当这种认知统一后，就叫做缘，相互作用后就叫做分。因此，相识为缘，相知为分。

106. 男生问：老师，您说参与者和客观情况所构成的事件，就主体来论是一种认知，甚至说这种认知先天上就是有缺陷的。我不明白？

在阴阳五行的世界里，一个人或事物，你可以用阴阳两个角度来审视它，也可以用任何一个天干代表它，然后从其他的九个角度来审视它。不同的人在以自己为太极中心的状态下，可以得出不同的结论，而各自都认为自己是对的。我本试图用正确的方法来引导他人，但最后发现，我自己也沉迷于这种先天缺陷的认知中。

107. 男生：老师，我们常遇到学子平命理的，或其他流派的人，由于不用旺衰平衡，不用喜忌神，也不用江湖口诀，常会遇到争论，在争论的时候，他们常引经据典，我们常无话可说，该如何办？

天之道，损有余而补不足，人之道，奉有余而损不足。

孔子带着学生到朋友家做客，朋友对儿子说：将那个不会叫的公鸡给杀了。于是孔子对学生说：鸡因其不鸣，而得以被杀。

老子有一天到树林溜达，见到樵夫在一棵千年大树前，转了三圈走了。于是就问为什么？樵夫说，这颗树虽然很大，但长得弯弯曲曲，很乱，无法做栋梁。老子于是感叹道：木因其不材，而得以千年。

沧海一声笑，纷纷世上潮，谁负，谁胜出？天知道！

108. 男生问：老师，五行中的老和嫩如何区别？

这是一个好问题。老嫩是一种状态，十天干的状态是由十二地支来表达的。你熟悉一下天干生死绝旺表就可以明白了。

109. 女生问：老师，我在网上看了一个案例分析叫做隔不作用，也就是相隔的地支相互不作用，该如何理解这种方法？

这是其他流派的观点，我们可以了解，但没有必要研究。天地万物都是相关联的，在生活中不相见为离，不相通为隔。人情物理相隔则悲，相见则欢；合久必分，分久必合，由此构成了生命中的悲欢离合。

110. 男生问：老师，我局中有卯辰穿害，您说我要解决这个问题最重要的是有恒心，我试过好几次努力地去一直做一件事，但真的很难做到，有其他方法吗？

卯主随、主动。辰主蕴、主化。因此你的个性喜变动，你认为坚持不懈地重复去做一件事就是恒心,这是你理解有误。所谓卯动者,无非舟车。舟车之行在于不停而通天下。

所谓蕴化者,无非水库,水流不停故而不歇。日月得天而能久照,四季变化而能久成。阴阳之道在于穷则变,变则通,通则久,能动能变而又坚持不懈就是恒心。执著一定之形,不知变迁,自以为恒。卯辰之所以穿害,在于卯见戌化火之变,辰见酉化金之变,此变是性质之变,并非前行途中不拘常理之变,故做事需要恒心可以解卯辰之穿害。

111. 女生问:老师,您说读万卷书不如将一本书读一万遍,不就是反复做一件事吗?

你的问题很有挑战的味道,不过这是个不错的问题。相信什么理念并不重要,重要的是如何去相信。如果我读阴阳五行这本书是恒心,那么我说的一万遍,既不是朗诵一万遍,也非抄写一万遍,而是在各种特殊性的变化中去体会其中不变的普遍性规律。无论人事,开始只是了解而已,不用深远,就像刚上任就想改革,刚交朋友就借钱,刚上班就给老板提建议,刚谈恋爱就上床等等,大多结果都是不好的,为什么呢?恒需要久。我说的一万遍就是久的意思,浸润久了就会变,变而通则久。无论是朋友之间,还是夫妻之间,要想长久有恒,就需要变化,太亲近就需要距离,有距离就需要相聚。

112. 男生问:老师,亥亥 辰辰 酉酉伏吟,也是一种自刑,它们有什么区别?

首先它们都是一种选择中产生的烦恼,就事件进行过程来说,亥在准备阶段,辰是进行过程中,酉在有结果时。就事件的性质来说,亥一般是权力上的,辰是技术上的,酉是和谐上的。

113. 女生问:老师,子水的伏吟和午火的伏吟如何区别?

这个问题很难。十二地支伏吟的具体问题还是要看十二地支本像决定。我们的学问是以天时为主,配以人和的,因此你可以从天时入手去体会。子水在冬至前后,子水后接着又是一个子水,这是过了冬至,又是一个冬至的感觉。午火在夏至前后,这就是一个夏至接着一个夏至的感觉。就细节上,子水在冬至前比冬至后困难大,午火在夏至前比夏至后更当令在位。

114. 男生问：老师，一个将星总是有其魅力的，那么子水的魅力是否主要是智慧，午火的魅力主要是热情？

子水就将星来说是智慧，但这还不够。他的智慧主要表现在临险、冒险、脱险上的。因此他选择的干部除了执行力强外，需要刚毅果断。午火就将星来说，主要的魅力是礼，并不仅仅是热情，而礼始于敬，也就是敬人敬事，因此他选择干部除了执行能力强外，还要能开创新局面。

115. 女生问：老师，卯木将星的魅力主要是仁慈，然而古人说，慈不带兵如何理解呢？

很好的问题。由于四个将星都是阴的，阳主要在生，阴主要在成。因此四个将星的核心必然会重点在成事上。

见人饥寒残缺，体恤之情见于言表，如果不见则想也不会去想；遇到人时，尊敬有礼；如果需要分赏，则吝啬不予。这是妇人之仁慈，并非将星之仁慈。

将星之仁慈，在小事上或许有所疏忽，但在大事上必然会考虑周全，虽然看不见，也一定能通四海，无不济。

116. 男生问：老师，金主义，也主说，那么是否酉金将星主要魅力在于能言善说且讲义气？

很对。我只是补充一点，金主收缩。因此酉金作为将星还有一个能力就是汇聚人才，聚沙成塔，聚水以塘。

117. 女生问：老师，在学习九宫八卦时，乾、坤、巽、艮这四个卦中都有两个五行地支，如何选择？

在九宫八卦中，八卦是方，五行是圆。二十四个节气，八卦是三个节气一个卦，五行是两个节气一个地支。虽然五行被纳入卦像中，但这是人为的，特别是以方纳圆本就不自然。

你说的问题主要是用八卦来强行纳十二产生的问题。在选用的时候，入手主要是看时间和空间。当你有时间参考的时候，你看时间的天干地支就可以确定；如果你有空间，你可以用空间的地支来确定。如果你搞明白后，你看《易经》就知道为什么有些人这样解，有些人那样解，常常不一致,但都有道理。

118. 男生问:老师,九宫八卦在看卦和卦的关系时,是否需要理解《易经》的六十四卦?

如果能理解最好了。但如果你不想理解也是可以的,你只是需要将八个卦的基本定义搞清楚就行了;如果你不想搞清楚也行,只要你能将五行的十二地支彻底理解。比如一个乾卦加一个艮卦。乾在下,艮在上。你学过《易经》知道这是大蓄卦。你如果没有学习《易经》只是知道八卦,你可以用像法来理解它,比如乾是健,艮是止。这是一个前进和停止的关系问题。如果你不是很理解八卦,你只要能理解五行的地支关系,你就可将问题看成寅亥合局的关系和戌丑相刑的关系。

119. 女生问:老师,如果在九宫八卦中只是用五行,找不到关系如何办?

这是不可能的。五行十二地支都是有关系的。关键是你的基本功问题。比如说,颐卦,下面一个震,上面是一个艮。《易经》认为,初爻和六爻为阳,中间四爻是阴,下面震是动,上面艮是止,很像一个人的一张嘴。就比喻吃东西,因为上面不动,下面动。五行如何看这个问题呢?无非是卯和丑的关系。卯柔而曲,像舌头;丑是金库,内有很多小的辛金,就像牙齿。两者的关系就是舌头和牙齿的关系。同时,五行的关系还有一层就是卯和寅的关系,就是会局关系,会在一起搅拌的意思,搅拌的中心是舌头。

120. 男生问:老师,如果是纯卦,比如说乾卦,如何用五行去理解呢?

这是一个认知的问题,你没有必要一定要用五行去解像,也无须一定要用卦象去纳五行。这是两种不同的思辩方法。乾看上去是六个阳,但六爻的解释无非是一个事物前进中的不同阶段,或者说是一个事物上下前后左右的六个方面。就五行来说,这是事物开始前的准备和开始。就儒家思想来说,乾就是君子自强不息的一种精神象征。就五行来说就是甲木的乐观进取精神。甲在戌是养,在亥是长生。也就是你要前进,必须先要养,再去生。这和乾卦说的潜龙勿用,见龙在田没有本质上的区别。如果你一定要搞清楚,无非八卦是以三个节气一个卦,也就是有三个阶段;五行分阴阳,以两个节气为一地支。事物的进行本就是平滑无缝衔接的,两等分或三等分是人为的一种认知方法而已。

121. 女生问:老师,在学习九宫八卦取像的时候,关键在什么地方?

学习方法因人而异,我个人学习的时候,看卦以外像为参照中心。比如说:天地风雷,在看五行以内像为参照中心。比如说:心肺肝胆,在看关系时将它化成我比较容易理解的人际关系,并以此一通百通。比如说:在理解卦象时,一个离加一个乾,一个是光,一个是天。就是天上有光的意思。在理解五行时,就是一个心加上心房或者一个心加上一个肾。在人际关系时,用卦象,我觉得是一个中年漂亮女人和一个年长领导的关系。用五行是一个领导和手下办事的关系或者一个漂亮女人和一个领导的关系。我的学习过程就是不断体会这个像的过程。

122. 男生问:老师,空亡在应期中的作用是什么?

这是一个很好的问题。在时间局中,空亡所代表的人或事,在其填实时是一种时间到了的意思。一般称为临空。当这个字没有到,但是这个字逢冲合时,也是一种变相的填实,逢冲的称动空,逢合的称化空。这时候需要将冲合它的外因考虑进去。简单的说就是它本身不想填实,但因为外因而填实。一般来说,动空时,子午卯酉将星本不想回头,不得不回头。寅申巳亥本就犹豫,见外因而回头。辰戌丑未本来气杂,见外因而散。化空要考虑合化的五行变化。

123. 女生问:老师,空亡应期在吉凶不同的事件中是否不同?

这是用神理论的说法,一般来说论吉事,用神填实则事成;论凶事,忌神填实事凶。

我们五行的说法,具体来看,一事一论。比方说:找男友,空亡就是想,但没有出现,填实就是出现了。自己填实就是自然出现的,逢合填实就是合住它的那个人或那件事导致他出现的,逢冲填实就是冲它的那个人或那件事导致他出现的。

124. 男生问：老师，合局中究竟是逢合是应期，还是逢冲是应期？

合局中本来完好，那么合的字到就是应期。如果合局本来有冲则逢冲是应期。一般墓库多以逢冲为应期。

125. 女生问：老师，冲战局中的应期到底是好还是不好？

冲不代表不好，合也不代表好。一个人如果想出去，逢合往往是因为合他的原因没有办法出去。一个人如果生病，逢冲则一般病会好。在六爻中有一句口诀说：久病逢冲，断死；短病逢冲则愈。这是有道理的。我们五行说的是生活，一般人生病要去医院，也就是入墓。逢冲则散，断冲开；久病弱而逢冲，断冲倒。一般冲的应期在其逢合之时，如果是空亡则是填实时为应期。

126. 男生问：老师，三刑的应期是否是丑戌见未是应期，寅巳见申是应期？

是这样的。如果三刑中有空亡的，出空也是应期。在墓库中，戌未丑组合中见辰，在寅巳申组合中见亥，这也是应期。

127. 女生问：老师，在断事的时候，我看到一个有用的字到了，断吉。为什么有时对，有时错？

这是你只看一个字，比如说用神，口诀导致的。比如说，有一个男人很想帮助你，你也很需要他，他到了是否就好了呢？一般情况是好事，但如果他老婆在他旁边就难说了，要看他老婆是否想帮助你。如果想帮你，没有问题。如果不想帮你，那么说服或者摆脱他老婆才是你的应吉时间。

128. 男生问：老师，如何评定一个时间局的格局高低？

格局不是由时间局来定的，是由一个人演绎时间局时拥有的气度来定的。

129. 女生问：老师，六合局的成败是否在时间局中的距离越短越容易成功？

合局的成败不仅仅要看距离的远近，还要看障碍的情况。在生活中，最短的距离往往不是直线，而是障碍最少的曲线。

130. 男生问：老师，一个将星合两个以上的干部或者群众，在生活中最常见的问题是什么？

在技法上，这是一个领导两套班子或两个团队。如果两个团队是相同的，比如一个将星"子"加两个"辰"，则比较简单。如果一个将星"子"，一个干部是"申"，另一个干部是"亥"，一个是"子申"合局，一个是"子亥"会局，这两个团队的高级干部之间会存在申亥穿害的问题，这时候要求将星在未听之时，不能有成见，听好以后不能没有主见。能否同时容纳两种相反的思想，而无碍于其处世行事，是成败的关键。

131. 女生问：老师，一个将星合两个以上的干部或者群众，在生活中最常见的问题是什么？

没有必要做决定，就有必要不做决定。最容易犯的错误是害怕犯错误而犹疑不定。

132. 男生问：老师，如果只有将星和群众，缺乏干部协调的时间局该如何理解成败？

成败的关键是看群众是否得到切实的利益。

133. 女生问：老师，煞印相生是权力的象征，若两者只有一个如何理解权力？

有印无煞：可亲不可敬，终难敬；有煞无印：可敬不可亲，常失权。

134. 男生问：老师，食神制官一般在工作中是否是向领导发牢骚的意思？

这要分主客关系来定。就员工来说是这样的，就领导来说就是常遇到员工抱怨。

作为一个领导，在管理时你会发现尽管牢骚不总是正确的，但认真处理却总是正确的。

135. 女生问：老师，我局中偏正印都有，用正印明显要好于偏印，我该如何选择？

就人和来说，格局是由气度决定的，命运是由性格决定的，性格是由习惯决定的。要想自我完善需从习惯开始，比如：走路选大道，着装宜正统等等。

136. 男生问：老师，到底如何理解用神和忌神？

一般书中十分强调用神、忌神。通常都需要加强用神的力量，限制忌神的力量。但阴阳五行学说的是关系、角度和位置。在不同的角度和位置上用神会成为忌神，忌神会成为用神。一个用神限制一个忌神是好事，一个忌神限制另一个忌神也是好事。

137. 女生问：老师，到底如何理解用神和忌神？

所谓用神就是有用的神。小人有小人的用处，奸细有奸细的用处，垃圾桶有垃圾桶的用处，马桶有马桶的用处。常人大多喜欢真善美的东西。但我认为：与其追求完美不如宽容残缺。因为残缺用好了也是一种真、一种美、一种善。

138. 男生问：老师，您是说忌神也是可以用的吗？

当然。敌人不是仅仅用来恨的，其实很多时候是可以拿来用的。在生活中，不要总是怨恨自己的对手。当你不断地愤怒和埋怨对手的时候，对手就是忌神；当你能好好地利用对手的时候，对手就会从忌神转化成为用神。记得唐朝有个人相貌堂堂，能言善辩，但是却成事不足，败事有余，有人对唐太宗说：杀了此人吧。唐太宗说：还是想办法将此人送给敌人比较好。

139. 女生问：老师，那么用神制用神也会成为忌神吗？

对啊。满盘用神不见得好，满盘忌神也不见得坏。所谓的善，是指两者关系的妥当相处。

140. 男生问：老师，如何看能不能成局？

这是一个时间局中的效率问题。一般来说，一个人的局中如果有六合、有三合等等局，说明这个人容易成局或者说有机缘成局。当这个局是很顺利的相邻关系则容易成就，如果中间隔着其他的字，这个字就是成局中的问题。比如说：辰、戌、酉、子这种结构。辰酉合局，但辰先要通过戌这个对手。辰子合局，辰需要通过戌和酉这两道关才能成功。

141. 女生问：老师，如何看能不能成局？

在时间局中，有些人原局就有成局的机缘，但有些人却需要大运流年提供这种机缘。能不能成，除了看老天给不给机会外，还要看这个人是否能确定自己成局的意向。当且仅当上天给于机会,自己又有明确的成局目标的时候,才能成局。比如说:辰、戌、酉、子这个局,如果辰要合酉,遇到戌反对,由于戌是当令的,反对是强烈的,辰有两种选择,一种是坚持,一种是放弃。如果坚持就能成,如果放弃就不成。

142. 男生问:老师,七煞星和官星的区别是否主要是严厉程度?

理解概念要结合生活。

七煞星是指阳克阳,阴克阴。其中阳克阳的表现比较透明,阴克阴的表现比较阴暗。

官星是阳克阴,阴克阳,在克中有相互吸引的余味,当阳克阴的时候,还会形成转化。

143. 女生问:老师,七煞星和官星的区别是否主要是严厉程度?

这要看是什么情况,比如在男孩追求女孩的时候,什么是煞呢?煞是一头色狼。什么是官呢?官是一头负责任的色狼。现代的人,煞可以是为了爱情而爱情,但是官就有点为了婚姻而爱情的味道。

144. 男生问:老师,什么叫做阴在阳之内,不在阳之对。

阴阳是互根互存的,有阳就有阴。看阳的时候,阴往往就在阳当中,不在阳的对立面。老鼠敢于嘲笑猫的时候,你应该知道它身边一定有个洞。看一个问题除了从表面看它的阳外,还需要从内在看它的阴。

145. 女生问:老师,生活中如何理解阴在阳之内,不在阳之对。

妈妈叫孩子们过来吃苹果。对着小明说:"你要哪一个?"小明说:"我要最大的。"妈妈说:"小朋友应该有礼貌,挑最小的一个才对。"小明很惊讶地说:"有礼貌就必须说谎吗?"

146. 男生问:老师,什么是十二地支的同宫?

这是一个九宫和五行的结合问题,很有深度。所谓同宫指得是戌亥、丑寅、辰巳及未申。一般的五行学理论,这两者之间是没有关系的。实际是有关系的。这种关系就是同宫的关系,在生活上指大家常在一起工作、学习,有着对事物共同的认知,但又各有侧重。

147. 女生问:老师,什么是十二地支的同宫?

在感情上同宫不是一种亲情、不是一种爱情,是一种友情,但是又比友情多一点味道。

148. 男生问：老师，您不是说丑寅是暗合，为什么又说是同宫呢？

同宫是一个概念，暗合又是一个概念。同宫是同宫，暗合是暗合。就像旺是一个概念，强是一个概念，可以旺而不强，也可以又旺又强。同样同宫可以是同宫，也可以既是同宫又是暗合。

149. 女生问：老师，您不是说丑寅是暗合，为什么又说是同宫呢？

在十二地支中，每个组合都是有关系的。就像是生活，只要两个人在一起总是有着关系的，只是有些关系比较远，有些关系比较近。暗合是一个概念，除了卯申、午亥、丑寅，还有子巳，寅酉等等，只是有时候要论有时候不论。如果同宫是一种友谊，那么同宫加上暗合，你从阳的角度可以说是知己，从阴的角度可以说是一种暧昧。

150. 男生问：老师，父母宫到底是看月还是看年呢？

父母的看法应该先定一个明确的太极。比如你在月上看到正印，或是偏财。那么你就可以将父母宫定在月上。如果月上没有信息，在年上有明确的信息，这样你就可以将父母宫定在年上。当年月的信息都不是很多，但在时上有信息而又和年月有合局或会局的关系，这样就将这种关系定义为父母宫，联系在年，年就是父母宫，联系在月，月就是父母宫。

比如：乾造　壬子　甲辰　庚午　乙酉，甲是明确的父亲，辰就是母亲。

151. 女生问：老师，如果父母宫在月上，如何看兄弟宫呢？

上面这个案例。甲辰组合是父母宫。而辰酉可以合，辰加上酉金这个组合就是兄弟。

又比如：乾　丁巳　丙午　丁酉　壬寅，寅是正印，可以合午这个禄，这样寅午组合就是母亲。丙午组合就是兄弟姐妹。当然这个案例中的丁巳组合也是一种兄弟姐妹关系。

152. 男生问：老师，六亲宫位漂移是否可以认为六亲关系不是很好？

不能一概而论，具体情况具体分析。六亲宫位不是很正，总是有事情发生。古人说建禄格不得祖业,其实说的就是兄弟星占了父母宫,这样一般是兄弟和父母一起生活。比如上例:乾 丁巳 丙午 丁酉 壬寅,我们发现姐姐丙在远方,代表自己的姐姐将会到外地工作生活,自己的禄在丙下,在青年期间也会到姐姐生活的地方去。母亲在子息宫也代表自己的孩子和母亲有缘分。

153. 女生问:老师,父母宫位或星出现多个是否代表父母离婚?

这要具体分析。分析的方法宫必须结合星一起看。在夫妻关系中,每个人有两个身份,一个是这个人的本来身份称为星位,另一个是这个人在做妻子或者丈夫时的身份称为宫位。当一个人宫位星位一致的时候,一般称正位,不一致的时候称错位。无论是正位还是错位,星宫都出现问题的时候才论离婚。如果宫位正常,星位有问题,一般指这个人丈夫或者妻子的角色扮演没有问题,但这个人出现了问题。如果这个人的星位正常,但宫位出现了问题,一般指这个人没有问题,但扮演的丈夫或者妻子的角色出现了问题,这时候常会闹离婚或者分居。出现多个,不是离婚的必要条件,但多现的星宫一般容易引发离婚。

154. 男生问:老师,是否只有刑冲克害的人才会离婚,合局的人不容易离婚?

一般而言是这样的,但婚姻是需要经营的,很多婚姻就是缺乏矛盾的冲突,争吵导致死水一潭。

在现代生活中,容易引发外遇,这样也会离婚。古人说:只有争争吵吵才会到老。

155. 女生问:老师,为什么这个局伤官见官,不是生病而是牢狱呢?

我们的心法认为当论一件事或一个人的时候,整个时间局就是这个人,这件事。这个庚虽然被丙克,但可以反吟到庚辰,在庚辰中此人的身体没有什么问题。综合全局看这人是到了一个有工作、有房子(条件差),但却没有工资的地方。

156. 男生问:老师,一个即时局在论事的时候如何定义太极?

太极的定义要看你此时此刻内心的取向来定,所谓心动则动。比如当下时间局：庚寅　戊子　癸卯　己未，大家在一起上课，心思意念集中在读书上。这个局的太极就在庚上。这个庚就读书而言是书本、也是老师，也就是我。虚透代表谈的是虚的知识；在年代表是古老的知识；下面坐伤官，代表是一种技术。学生看食神和伤官，食神卯和伤官寅是会局，就是大家有共同的爱好聚在了一起，不是单位的专业培训。

157. 女生问：老师，那么时上的这个煞代表什么呢？

很有意思。上述这个时间局，这个煞，你问就是你的煞。你现在很困惑，那么我告诉你，现在你心里有一件事，这件事和你的男朋友有关，这个男朋友已经和你同居了，你们是否等会儿要到远方去呢？（实际是要去旅游）

158. 男生问：老师，时间局在不同的时段出现相同的字，如何看是一个人还是另一个人？

这是一个极难把握的问题。一般来说这个人天干是一个，但地支是一个合局的关系且可以合化，一般是原来的那个人。一个合局合化的时候，合局中的每一个字都是这个人，也可以是其他人，当论一个人的时候，是一个人的多种身份。

159. 女生问：老师，时间局在不同的时段出现相同的字，如何看是一个人还是另一个人？

根据原局的每个柱的天干、地支是否已经在实际的流年中渡过来判断。如果这个字在以往的流年中已经出现过，很可能是原来的那个人，如果原来的那个字，在以往的流年中，还没有出现，仅仅是当下的流年出现的，那么就是一个新的人。

160. 男生问：老师，当两个天干相同，但地支只有一个禄，该如何理解呢？

那么这个禄就是两个天干共同享有的。

161. 女生问：老师，全局没有官煞星，只有地支藏干有官煞星，是以财星来论丈夫、情人，还是以藏干来论丈夫或情人？

这没有明确的定义，如何来论主要取决于看问题的立场和角度。宏观的看以财来论，当流年官煞星透出的时候，以官煞来论。

162. 男生问：老师，酉子之破如何理解？

当酉子为一体的时候，是一种相生的关系。当酉子各自以自我为中心的时候，才会出现破的关系。总体来说，酉金帮助子水，往往也是为了自己的生存，特别是见到午火的时候。酉子之间合作的破，往往产生在一方比较强旺，一方比较弱。金旺水则浊，水旺金则沉。无论在人还是在物都表示内部的破裂、裂缝。

163. 女生问：老师，卯午之破如何理解？

当卯午是一体的时候，也是一种相生的关系。当各自以自我为中心的时候，才会出现破的关系。总体来说，卯帮助午也是为了自己的生存，特别是见到酉金。

卯酉之间的合作，往往是因为午火中的己土而产生。无论是人还是物都表示外部的破裂和裂缝。

164. 男生问：老师，作为水火矛盾的主要一方，子水将星该如何处理和酉金的关系？

子水将星如果主动、积极、乐观，呈现阳性的时候，酉金是一种很好的助力。当子水将星如果被动、消极、悲观，呈现阴性的时候，酉金是一种破坏的力量。此时作为子往往去找卯，也就是找到酉金的对立一方，导致合作出现问题。

165. 女生问：老师，卯午相破的时候，午火将星该如何处理？

午火将星如果乐观、主动，呈现阳性的时候，卯木是一种助力。当午火如果悲观、被动的时候，卯就是一种破坏的力量。此时作为午火往往会去找酉金，也就是找卯木的对立一方，导致合作出现问题。

166. 男生问：老师，赚钱是否主要看能不能合入自己？

合入是一种方法，冲制也是一种方法。无论合还是制，先要看是否能成功，再看是否可以被自己得到，或被单位得到。

167. 男生问：老师，月支为季节，是判断当令与否的关键，如何理解当令呢？

当令是一种状态。可以论旺，但旺不代表好。要具体问题具体来看。财旺代表理想高、欲望大，是否好，要看自己的能力是否相匹配。

具体到生活,服装的当令是流行的意思,读书的当令是指读的书比较符合时代特点。

168. 女生问:老师,年是代表远、大,可以理解,但为什么也代表小时候呢?

远是一种感觉。在时间上最远的是遥远的童年;在身体上最远的是脚或是手指;在论夫妻感情时代表有距离;在论读书内容的时候可以代表古代的书籍。

169. 男生问:老师,所谓时限是否指年、月、日、时的不同时间阶段?

你理解得很对。一个时间局的时限就是指从孩子到老年的过程,这个过程一般来说,年代表小时候,月代表青年,日代表中年,时代表晚年。但是如果大运有具体指向,则以大运为主。如果你对于六十甲子理解足够的话,也可以不看大运,以六十甲子的排序结合生活来定义先后秩序。

170. 女生问:老师,时间局中的时限有什么具体的作用?

时限的作用很大。一件事如果在其时限中发生,往往代表自己;如果过了或者不到,往往是和自己有关的人。同时时限其实是一个人祖辈留下的细胞的记忆,因此不同的时限,人的性格和思想会有所不同,这对于判断事件会有帮助。

171. 女生问:老师,什么是流年?

大运是月令长出的缠绵的曲线,弯弯折折竟然长达十年。

流年从头到尾只是三百六十五日天干地支的变换重叠。

在同一片天空下,流年的双唇吻合住了大运的行进。

伸出的双手却穿过大运的娇躯,握向了原局的温柔。

好在从头到尾一年就回,不知你是否看懂,他是否想通。

172. 男生问:老师,在局中婚姻和恋情如何区分?

看婚姻主要从两个角度来看。一个角度是宫位,一个角度是星位。一般宫位是爱人,星位是恋人。当星位和宫位有联系的时候,恋人可以转化成爱人。

173. 女生问：老师，当论一个人时候，宫位是否代表此人入宫时的状态，星位是此人平时的表现？

说得很对。

174. 男生问：老师，当论一个人婚姻的时候，没有明确星位，如何看？

可以用宫位来看。在看的时候，宫位透出的藏干可以当作星位来看。

175. 女生问：老师，如何寻找大运和原局的关系？

大运中的字，如果原局中有，无论是本气还是藏干，都是这个字的一种外在表现；如果没有，就看他对原局每一个字的影响。

176. 男生问：老师，有时候我为咨询的人调整风水，效果很好，有时候却效果不好，这是为什么呢？

风水的主要效果在地利的选择。包括自然环境和人文环境。其中以阴为主的人，宜先修地利，再修人和。以阳为主的人，宜先修人和，再修地利。

177. 女生问：老师，你说的"人和"部分是不是就是修身养性？

对的。调整"人和"的最直接办法就是观察咨询人十神意向的成败，看是否能为其找到一条适合他（她）的路径，然后为其定太极。这种方法不同于找用神，更倾向于思想和行为模式的建立和选择。

178. 男生问：老师，我看很多书中常提到太岁，说太岁是君王，不能犯太岁，否则很凶？

这是命理学的内容。古代有犯太岁的说法，也有压太岁的化解方法。在我们五行学中所谓太岁，一般指的是六十甲子的当令流年。在九大行星中，木星的体积最大，对地球影响也是最深远的，而木星每十二年绕太阳一圈。每年所处位置对地球的影响就是十二生肖的由来，也就是你说的太岁。这一年如果时间局中和这种力量对抗，就是犯太岁。在这个方向破土动工，就是太岁头上动土。

179. 女生问：老师，太岁指的是年的十二地支吗？

这是一个好问题。有些人认为是地支，有些人认为是天干。老师认为是综合的,因为在太阳系,土星是第二大行星,这颗行星每三十年绕太阳一圈,它对于地球的影响也是很大的。这两颗行星的最大公约数为360年,最小公倍数是60年。年的六十甲子就是这样来的。老师个人认为所谓太岁是由木星和土星交会共同形成的。我们现在研究的主要是太阳、地球、月亮之间的关系,但到了大循环中,就要考虑木星和土星的作用力了。

180. 男生问:老师,子卯刑的条件是什么呢?

子卯是无礼之刑。一般来说子水是生卯木的,当子代表自己的立场,卯代表自己的立场时开始论刑。比如说,子水旺,见到午火,当卯去生午火的时候,子会刑卯木。卯木旺,见到酉金去帮子水的时候,卯会去刑子水。

181. 女生问:老师,戌未相刑,丑戌相刑的条件是什么呢?

戌未相刑的条件一般是丑,丑戌相刑的条件一般是未。这是在冲突和矛盾中的刑,也就是在争战时的侧面攻击。就好比当"未"见到迎面来了一部车子"丑",他改道却撞上了"戌",这种现象就是刑。当戌未见到午的时候也会引发刑,这种刑一般是变形争合引发的刑。比如说一个妻子需要丈夫进行"午未"合,但是丈夫为了工作进行了"寅午戌"合局,这样妻子"未"就会对戌刑。

182. 男生问:老师,我有个时间局是双胞胎的兄弟,乾:壬戌 庚戌 己卯 甲子,一个是搞IT业的,一个是当老师的,到底如何区分哥哥和弟弟的不同?

古书上认为,男人阳日干,哥哥强于弟弟;阴日生,弟弟强于哥哥。女人阴日干,姐姐强于妹妹;阳日干,妹妹强于姐姐。老师认为这是从阴阳来区分的,比较适合古代的社会。结合现代社会情况来说,还是要结合十神意向来看,否则就算你能大致论人,也无法论事。你给的时间局,简单的区分就有三类情况。意向在壬水(财),这个人比较适合搞计算机软件的;意向在庚,就可以当个老师,最好是公检法或军队的老师;意向在甲,就是一个公务员,并会涉及财务软件或管理培训等工作。

183. 女生问：老师，如何看双胞胎的局。

这要看十神意向。如果没有办法确定十神意向，可以从姓名中来判断。不同的十神意向，可以导致不同的人生。

184. 男生问：老师，姓名学在五行学中如何应用？

这个问题太大了。姓名其实是一种"符"。用得越多，作用就越大。具体来说，你可以将姓名的笔画拆成数，这样根据六十甲子排序形成一种独有的五行结构。然后根据姓名的意像来定十神的意向，以此来区别相同笔画不同字的不同意境。比如说：纵横，纵为庚午，横为戊寅，纵横为丙戌。由于纵横这个字的语境无法分割，就是一个寅午戌的三合火局。

185. 女生问：老师，姓名中六十甲子排序后，如何定太极？

这又是一个很难回答的问题。一般来说定太极要结合姓名的本身语意来定。不能分割的以总体来定太极，能分割的以语言的意境来定太极。当然也可以用这个人工作职业等等来定太极。比如说：一个人叫李佩珂，大家都叫她佩珂，佩珂就是太极。

186. 男生问：老师，风水中开门见灶，财物多耗，五行如何理解？

风水中阳性空间的问题很好理解，阴性空间的问题不好理解。就阴性空间来讲，你家的门在前方，是午火的位置；你家的门后方是子水的位置。你开门就能见到的地方一般是亥子丑水局的位置，而灶是火，所以说不好。

187. 女生问：老师，名片的底色和字体色彩的关系如何理解呢？

一张名片一般是一个长方形，用天南地北的九宫图来理解名片的位置含义，用五行的色彩来理解生克关系。底色白为金，字体黑为水，是金生水的关系。底色一般是背景，字是要说明的内容。

188. 男生问：老师，根据五行的法则，在工作中的三合局，对待不同的人应该用不同的方法，如何理解呢？

不管什么人，首先要走出自我的情境，随其嗜好见其心意。子午卯酉将星的目标在合局之势，因此要围绕全局的势来谈。寅申巳亥的目标是辅佐，因此要言之以利。

189. 女生问：老师，我如何能知道对方的虚实和真假？

微冲其言，能辩真假。最大的谎话就是空亡的话。你只要先合一下，再冲一下，就能看到空亡。

190. 男生问：老师，我的人际关系总是不好，如何能调整呢？

具体需要看一下你的时间局，这样能看出最大的问题是什么？但有个简单的万能公式，就是明像位。也就是无论什么人，首先你根据自己和他（她）的情况定出关系，然后根据关系来处理事件就可以了。比如说，你要去女友家看未来的岳母，她就是你的食神，你必须带的礼品是吃的、用的，而不能只给钱。如果你的女朋友去你家第一次上门，你的女友和你母亲的关系，是财的关系，你母亲需要准备红包或有价值的礼物给女友。

191. 女生问：老师，您说的"内容不重要，重要的是立场"是否就是摆正自己的位置呢？

你说得很好。比如：现在你是学生，我是老师，我就是你的印，你就是我的食神或伤官。传道授业是我应该做的，当你遇到困难（煞）找我，也是应该的，因为印可以化煞。

当一个男学生因为婚姻或是恋爱的事来找我的时候，一般我不提什么意见，因为这是财和印的关系；如果一个女学生因为婚姻或是恋爱的事来找我，我会接待，因为这是官煞和印的关系。

192. 男生问：老师我已经知道拱合了，巳丑拱酉、寅戌拱午、申辰拱子、亥未拱卯，当然还有申戌拱酉、辰寅拱卯、亥丑拱子、巳未拱午。是不是只有当填实的时候可以论局成立，平时不成立？

这是一个好问题。一般书上介绍拱局都谈填实是应期，这是对的。但如果天干有这局的将星，那么这个局也可以成立，不过成立的是表面的。这个将星内心真实的写照还是要看天干将星所在的地支内涵。比如说：寅戌见一个丁酉，这个丁看上去是在合局，实际是想着酉。辛亥见乙未，局中没有卯，这个乙天干，看上去有将星的味道，但代表的是未。

193. 女生问：老师，我现在体会到了天干地支的反吟和伏吟的犹豫、徘徊、移动、选择的感觉，但在实践中总是有一种味道读不出来？

好的，你已经明白了反吟伏吟的基本用法，只是还陷于命理学的论调中。由于来问命理的人大多命运坎坷,命理学内容也多负面内容。就五行学来说,反吟和伏吟也有好的一面,就是对于相合的、看不见的那个字,有一种天生的吸引力,如果天干见到这个相合的字,这种吸引力会明显些,见不到也有这种吸引力,这就是向实求虚的用法,当你从可以看见的字,逐步推导到看不见的字的时候,你就可以以实御虚了,就像武侠小说中手中的剑有了剑气。还有就是反吟伏吟的人遇到不利的时候,会顺势移动而免于伤害。

194. 男生问：老师,我在论子女的时候,看子息宫、看星位。当一致的时候没有问题,当不一致的时候,就很困难,如何把握呢?

这是一个理论和实践相结合的过程。重要的是变通,而变通的本质就是对于生活的理解和解析。

比如：子女对于男人来说,看的是克我的官煞星。但如果局中没有财,也就是男人没有女人的照顾,那么这个男人就是即当爹又当妈,这样食神和伤官就很有可能是他的孩子,特别在子息宫上出现。相反,女人的子女一般看食神和伤官。但如果局中不见食伤,财星在时柱上,那么这个女人就需要自己挣钱养育孩子,有这个孩子爸爸的味道(财星为父)。现代人离婚率很高,这种现象还是很多的。五行贵在通变,关键在对于生克的理解。

195. 女生问：老师,我看有一种叫"新派"的常用反断论,有些明白,有些不是很明白?

这又是一种命理学的用法。**反断的理由**：如果忌神弱而无用,可以当用神看；如果用神弱而无用,可以当忌神来看。**月干和时干相同**,则可以将一个反断等等。其实这是强弱、反吟包括阴阳变化在实践中的用法。你可以参考一下,有些还是很有道理的。比如说,月干和时干相同,这就是反吟,很多时候是一种选择,如果选了月干,时干就会是一种遗憾。你既然开始思索阴阳的变化,我可以告诉你一种阴阳变化的方法。比如说：一般而言,时干是儿子的宫位,时支是女儿的宫位,这是古代重男轻女的思想导致的结论。其实对于阴阳来说,女人日时相同,时干可以看成是女儿宫,时支可以看成儿子宫；男人日时相同,时干可以看成儿子宫,时支可以看成女儿宫;相反女人日时不同,时干就是儿子宫,时支为女儿宫;男人日时不同,时干就是女儿宫,时支就是儿子宫。但如果来人在的地区,重男轻女的现象还是很重,你最好用古代的方法,就是时干儿子宫,时支女儿宫。

196. 男生问:老师,虽然我知道午火和子水有阴阳的两个方面,但实践的时候,如果透出来,我能理解和运用,但如果不透,我不知道该如何把握?

当午未合的时候,午是阳;当寅午戌合的时候,午是阴。一个局中如果都存在,那么可以用我们一花一世界,一叶一如来的心法来论。

197. 女生问:老师,孕妇顺产、剖宫产和流产如何区别?

这个问题比较难,现代社会流行剖宫产,又实施计划生育。我根据五行的原理结合实践的经验,谈谈体会,你参考一下,不能当成公式。一般星宫无伤,大多是顺产;如果宫星都有问题,大多流产;星无伤,但宫有伤,这样会难产而流产;宫无伤,但星有伤,会早产。

198. 男生问:老师,什么是五运、六气?

这是中医中常提到的一个概念。五运是天干,五年一个循环。六气是地支,地支分三阴三阳,六年一个循环。

天干上:甲己年为土运,乙庚年为金运,丙辛年为水运,丁壬年为木运,戊癸年为火运。这样五行相合形成土生金,金生水,水生木,木生火的循环。

地支上:子午年少阴司天;丑未年太阴司天;寅申年少阳司天;卯酉年阳明司天;辰戌年太阳司天;巳亥年厥阴司天。这样地支六冲形成六气。

五运和六气相结合为一纪,共有 720 个节气 30 年,1440 个节气为一个周期共有 60 年。

199. 女生问:老师,中医说的气血,在五行中如何看?

五行是中医辨证论治的基础。比如说:丑未论脾,丑中有辛金和癸水,是血,未中有丁火和乙木是气。辰戌论胃,辰为血,戌为气。

后　　记

　　本书之撰写，数度提笔，数度放下。总觉得有言不如无言好，有作何如无作佳。为教学方便，又不能不写。书中的内容，希望读者切勿执著。

　　五行学是了解世界的一种方法论，是祖宗留给我们的宝贵遗产。但五行学不是生活本身，生活的本真是生活本身。拘泥于方法，忽视生活的本来面目，必死于方法下！

　　本书中的方法，和读者的生活实践，看似可以分割，其实无可分割；互为参证，随处皆是。若能了然于胸，合而用之，则可圆可方，随处皆活。

　　笔者的学生，常常在其熟悉的领域，有神来之笔，惊人之语。每每此时，感慨万千，当真是三人行必有我师，我何德何能为人之师，不过是互为师友罢了。

　　以人为师，不如以天地为师；以天地为师，不如以生活为师。学好阴阳五行学，只有自己才是自己的老师。

附录　学生感言

　　我是专业从事建筑装潢行业的,非常喜欢阴阳五行学。由于工作繁忙,对五行学习和理解还不够。但对于阴阳五行学中提出的阴阳空间、空间人格化等概念,我有着自己的一些体会,每次在和客户讨论建筑人文理念时,那些透过时间空间应约而来的五行法则总是能让自己的客户有着一种难以言喻认同。感谢祖宗留给我们的这门学问,感谢百容百顺老师。

东稻建设有限公司董事长　张永康

　　人类自从有了改造自然的能力,便逐渐地对自然失去了敬畏之心。我不知道为什么走上医学这条道路,但我本能地喜欢闲适的生活状态。而传统医学,就是教我们符合自然规律的生活。阴阳五行学这最根本的自然哲学观,让我在医学的道路上不断深入前进。

　　其诗云:天时健为道,地利德乃容,人和相宜否,阴阳五行中。

颐正堂堂主　张文浩

　　我是一名全职瑜伽教练。自从2011年开始学习五行学后,感触深刻。从一开始被神奇的技法(预测能力)所吸引,到现在学至中级班,感觉自身提高很多。人一定要先认识自己,通过对自身时间局的分析,再结合我对瑜伽的理解,加强自身能量的同时,用五行运化的原理对人生起到积极的作用。我觉得这才是我学习和生活的意义所在。感谢师傅,感谢很多人对我的帮助,我也会尽我的能力进行回馈给那些需要我帮助的人。

瑜伽教练　樊　晓

人生路上，当我顺利时，相信自己；不顺时才会相信命运。偶然的机会，我接触到五行，因为好奇而参加了课程学习，我从没想过有读懂天书的可能，只是想自己了解自己，同时了解别人，却意外收获到身体健康、心灵成长和人生智慧的指导蓝图。五行是我们的国粹、是我们老师的心血、也是我们同学的爱，在此，我真诚地推荐给大家，加入我们，成为朋友，一起学习，共同成长！

戴英姿

快快乐乐地过完少年，踏上青年的征途。恋爱、婚姻、学习、工作、朋友、导师，许许多多的人、许许多多的事接踵而至，五彩缤纷，应接不暇。有开心，有快乐；有苦闷，有彷徨；有得意，有失落。冥冥之中仿佛有一只无形的如来大手在左右我的前后左右、前进后退。我能感觉到可又看不到，我想握住它却又够不着。因缘成熟，2011年结识晨植文化，开始研习阴阳五行学。原来人生是如此的无奈又是如此的精彩。信命知命顺命改命。我信佛原来就是我幸福。我始悟古人云：识得阴阳两路行，富贵达京城。我庆幸中年觉醒，尚有光阴觉悟。然良医虽神，尚不能医膏肓之人，路虽长没有脚长，寸再短没有光阴短。希望更多的人加入研习阴阳五行的行列，学有所成，学有所用，过一个完美回味的人生。

老　王

我向闻老师学习五行学至今有两年时间了。还记得第一次上闻老师的课，听着他全情投入、生动地讲课。我能感受到他是用生命在研究和传播这门学问，也让我了解到五行学虽然是我们老祖宗的智慧，但它并不是遥不可及的，甚至是与我们的生活息息相关的。从此五行学的运用变成了我生活不可或缺的一部分。

樱　桃

吾于凡尘俗世中来，似梦似醒。恍惚间常纠结何为对错？何为善恶？而幸偶遇百容百顺老师，经其点拨，顿悟，从而师从之。研习五行学，得其真传，自成一系，尤以心论之。五行之心，乃万物之由，万物乃心之表；五行之心，是可无限小如蚁，是可无限大如宇。万物何以来，何以成，重要乎？曾以苦思凝结，白发如丝，读世间百态，常忧心忡忡。后明了，心之所驻，乃悲欢离合之原因；心之所去，乃疾病痛苦之良药。故曰，五行常无常，平衡为首要。失衡处或补，或去，或生克，此万物生生不息之本真。了然，独看春花，一夜以开，二夜乃谢，三生万物，是乎！吾师乃良师，师传技而不留，育众人而不偏，乃吾之幸，故写此文，愿吾师之技法发扬光大，欣然！

上海文广 张 倬（九天）

不知道从何时开始，人类的近视程度不断加深，也许是光怪陆离的花花世界亮瞎了我们这对曾经清澈的狗眼。不但看不清台下的观众，更无法正视台上的自己。珠圆玉润不再是美丽的标准，耗子不是耗子，狐狸不是狐狸的轻薄面孔成为美的代言。世界没有改变，是我们的认知出了问题。晨植文化秉承五千年来传统工艺，为那颗迷失的心眼度身定制专属于您的专属神器，免费眼光、保用终身。

同方易豪上海分公司总经理 祁 江

吾初识闻师于庚寅年秋。机缘巧合，陪同夫人报名学习，本只是作为陪同而来。但经过几次"蹭课"，吾深受闻师其技法的吸引，竟也开始自学。期间一有不懂便询问闻师其意，虽那时不是学员，但闻师并没有因此而拒绝解答，而是耐心地讲解其意。慢慢的，吾竟也报读成为了中级班学员。在闻师的技法中感悟了很多处事之方法，使吾颇为受益。不仅在对工作中和领导与上级的处事有益助，还在生活中问题的解决上得到更广阔的思路。与闻师的相识，闻师对吾之教诲是吾一生的幸运。

上海尤迪建筑设计有限公司董事 施 晶

好久没有了沉淀,旋律还在,但乱了节奏。轻浮的不止是舞步,迷离的不止是双眼,一切皆茫然,只有了解自己最温暖。触到黄帝内经后,才知道五行,进了晨植系统学习才知道阴阳五行学。历经庚寅年的天合地合,突然进入了辛卯年,压力的巨大让我内心很不安。冥冥之中,这些都是上天定术,让我走进了阴阳五行学的世界,让我豁然开朗。虽然只是跟着师傅(闻晨植)学习了初级班,这是我从结束大学生活之后的学习到知识最多的一次。最大的收获莫过于认清了自己,知晓自己前进方向。感谢师父的法布施!感谢同学之间的互助让我倍感温暖!

标帝广告(上海)有限公司总经理　王　勇

最近看一个朋友的微博,进一步理解穿害,也意识到自己的穿害更好的解决之道。中午吃饭和朋友闲聊共同认识的一个朋友,更清晰地看到相克,以及更好地理解远近,心理远再近也是远,正是由于这些的心理才会导致现象上的远,正应了佛法:一切由心想生。晚上随兴地和朋友聊到他的局,突然悟到局里的字可互换,无论他们之间的关系是否生克,一个人最鲜明特征由他最想成为或最想要(做)的那个字或那组字决定,这才是真正意义的"太极点";故幻象变迁,万变不离其宗。据此,太极点可以由意志改变(理论上),成为你想成为的,因为八个字本来就都是你。五行学是一门可以改变你一生的实用科学。衷心感谢我师父闻晨植先生的教诲。

上海佩尔西建筑设计有限公司董事　李　桐

闻老师最令人人印象深刻的就是理论实战性。随手拿来的一个案例,用他的五行理论来分析,客观冷静,切中要害,却又带有浓浓的生活味。在生活里,判断贯穿于开始和结果,五行理论提供了一个独特的视角。看这本书,就像进入了一个浓缩的知识库,需要细细地研读,品味,体会。等闻老师的书已经很久了。

——旧金山驻华办公室商务总监　孙冰

图书在版编目(CIP)数据

五行结构论 / 闻晨植著. ——上海：学林出版社，2012.9
ISBN 978-7-5486-0398-6

Ⅰ.①五… Ⅱ.①闻… Ⅲ.①阴阳五行说－研究 Ⅳ.①B992.1

中国版本图书馆 CIP 数据核字(2012)第 187746 号

五行结构论

作　　者——	闻晨植
责任编辑——	李晓梅
封面设计——	周剑锋

出　　版——	上海世纪出版股份有限公司 学林出版社(上海钦州南路81号3楼) 电话：64515005　传真：64515005
发　　行——	上海世纪出版股份有限公司发行中心 (上海福建中路193号　www.ewen.cc)
排　　版——	南京展望文化发展有限公司
印　　刷——	上海叶大印务发展有限公司
开　　本——	710×1020　1/16
印　　张——	11.75
字　　数——	16万
版　　次——	2012年9月第1版 2017年4月第6次印刷
书　　号——	ISBN 978-7-5486-0398-6/B·24
定　　价——	48.00元

(如发生印刷、装订质量问题，读者可向工厂调换。)